Jacking-up and Translation Technology of Engineering Structure

# 工程结构顶升与平移技术

张焕军　刘国桢　毕文生◎主　编
吴二军　梁衍军　张风亭◎副主编
　　　　蓝戊己　王炳章◎主　审

人民交通出版社股份有限公司
北京

## 内 容 提 要

本书主要内容包括工程结构顶升与平移技术概述、工程结构顶升施工技术、工程结构平移施工技术、顶升技术在桥梁养护中的应用、顶推技术在桥涵工程中的应用五个部分。从基本概念和施工实例出发，通过工程方案介绍和施工过程现场图片展示，力图简明生动地把顶升与平移施工过程完整地呈现在读者面前，实现读者与工程新技术"零距离"贴近，使读者更容易建立对此类土建新技术的认知，并掌握此类技术。

本书可作为建筑工程、道路桥梁工程、市政工程、水利工程等土木工程技术人员，特别是高级工和技师的自学、培训、参考用书。

**图书在版编目(CIP)数据**

工程结构顶升与平移技术/张焕军,刘国桢,毕文生主编. —北京:人民交通出版社股份有限公司,2022.10
 ISBN 978-7-114-18163-4

Ⅰ.①工… Ⅱ.①张… ②刘… ③毕… Ⅲ.①道路工程—工程结构—工程施工—施工技术 Ⅳ.①U415.12

中国版本图书馆 CIP 数据核字(2022)第 152564 号

Gongcheng Jiegou Dingsheng yu Pingyi Jishu

| | |
|---|---|
| 书　　名： | 工程结构顶升与平移技术 |
| 著 作 者： | 张焕军　刘国桢　毕文生 |
| 责任编辑： | 杨　思 |
| 责任校对： | 刘　芹 |
| 责任印制： | 张　凯 |
| 出版发行： | 人民交通出版社股份有限公司 |
| 地　　址： | (100011)北京市朝阳区安定门外外馆斜街 3 号 |
| 网　　址： | http://www.ccpcl.com.cn |
| 销售电话： | (010)59757973 |
| 总 经 销： | 人民交通出版社股份有限公司发行部 |
| 经　　销： | 各地新华书店 |
| 印　　刷： | 北京虎彩文化传播有限公司 |
| 开　　本： | 787×1092　1/16 |
| 印　　张： | 11.25 |
| 字　　数： | 266 千 |
| 版　　次： | 2022 年 10 月　第 1 版 |
| 印　　次： | 2022 年 10 月　第 1 次印刷 |
| 书　　号： | ISBN 978-7-114-18163-4 |
| 定　　价： | 89.00 元 |

(有印刷、装订质量问题的图书,由本公司负责调换)

# 本书编审人员

主　　编：张焕军　刘国桢　毕文生

副主编：吴二军　梁衍军　张风亭

参　　编：孙道建　尚晓东　陈　雷　谢于刚　刘承印

　　　　　高培山　武春山　杨世杰　赵殿峰　王　海

　　　　　林广楠　武　钰　苟金成　王建永　韩建萍

　　　　　杨万忠

主　　审：蓝戊己　王炳章

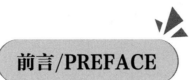

随着我国经济的高速发展和城乡建设的全面开展,作为解决推行城乡建设规划和保护有价值的既有建筑之间的矛盾的有效手段,工程结构整体顶升、平移等移位技术自20世纪90年代出现以来取得了快速发展。近年来,随着城市更新和道路交通、水运航道升级等基础设施建设的加速,工程结构整体顶升与平移技术取得了长足进步,趋于成熟,并实现了自动化施工。被移位的结构体量单体建筑面积超过2万$m^2$,建筑物最大高度超过15层,顶升最大高度达到15m,平移最远距离超过30km。从被顶升、平移的建筑物体量、工程难度和已完成的工程数量来看,我国在该技术领域处于世界领先水平。

目前,我国处于前所未有的大规模城乡基础设施建设、改造、升级时期,建筑业发展由大规模新建阶段逐渐过渡到新建与加固改造并重阶段。大量具有使用价值或纪念意义的既有工程结构成为规划升级的障碍。如果拆除重建,除对人民日常生活、工作产生干扰外,还将造成国家和人民财产的巨大浪费,产生大量建筑垃圾,耗费更多建造资源。而采用工程结构整体顶升与平移改造技术,缩短工期且节约成本,环保节能,实现文物价值全保护,推广应用意义重大。

随着经济总量的提升,我国公路通车里程跃居世界第一,现代桥梁总数超过100万座。随着桥梁建成后运营年限的延长,大量桥梁出现损伤需要维修保养,需要更换支座。公路、航道升级,城市高架改造等,导致很多原有桥梁高度需要提升,为结构整体顶升技术提供了广阔的应用空间。

虽然有广阔的市场需求,但掌握该技术的专门人才十分缺乏,原因是该技术是一门涉及结构工程、岩土工程、机械工程、测量工程、电子和自动化控制工程、防灾减灾工程等多个领域专业知识的技术,工程中每一个专业的技术人员,必须了解其他相关技术,才能保证各个施工环节的顺利衔接和协作,降低工程风险,确保工程全过程的安全、可靠。因此,培养更多掌握这门新技术的专门人才迫在眉睫,这是祖国建设事业的召唤。于是,我们决定组织有关专家和教师成立编写组,编写本书。

本书从近几年来整体顶升与平移的实际工程案例入手,面向一线工程技术人员和大中专院校学生,对结构整体顶升与平移技术进行了系统介绍,侧重工程的具体实施过程与施工技术,力图做到深入浅出,图文并茂,直观生动。为便于读者把握关键内容,每章章末设有"本章思考题"。

本书由山东公路技师学院张焕军、山东通达交通投资发展集团有限公司高级工程师刘国桢、中化学交通建设集团有限公司正高级工程师毕文生任主编。上海天演建筑物移位工程股份有限公司教授级高工蓝戊己、山东省公路桥梁建设集团有限公司副总经理王炳章审阅了全书。

  由于编者水平有限,书中不当之处在所难免,欢迎广大读者提出宝贵意见,以便进一步修改完善。

编　者

2022 年 3 月

# 目录/CONTENTS

## 第1章 工程结构顶升与平移技术概述 ... 1

### 1.1 工程结构顶升与平移技术应用背景与概况 ... 1
1.1.1 桥梁顶升与平移技术的应用背景与概况 ... 1
1.1.2 建筑物顶升与平移技术的应用背景与概况 ... 2

### 1.2 工程结构顶升与平移技术的概念、分类及关键技术 ... 6
1.2.1 工程结构顶升与平移技术的概念与整体移位工程的分类 ... 6
1.2.2 工程结构顶升与平移关键技术 ... 6

### 1.3 工程结构顶升与平移技术领域的特点、需求和发展趋势 ... 11
1.3.1 工程结构顶升与平移技术领域的特点 ... 11
1.3.2 工程结构整体移位技术发展需求 ... 11
1.3.3 工程结构整体移位技术发展趋势 ... 12

### 1.4 掌握工程结构顶升与平移技术的意义 ... 12

### 1.5 学习工程结构顶升与平移技术的方法 ... 13
1.5.1 应具备的专业基础知识 ... 13
1.5.2 高效学习的方法 ... 13

【本章思考题】 ... 14

## 第2章 工程结构顶升施工技术 ... 15

### 2.1 顶升施工的基础知识 ... 15
2.1.1 顶升施工操作步骤 ... 15
2.1.2 顶升施工系统 ... 16
2.1.3 顶升施工所需的基础理论知识 ... 17

## 2.2 顶升设备 ... 18
### 2.2.1 顶升常用机械设备 ... 18
### 2.2.2 PLC 液压同步控制系统 ... 20

## 2.3 顶升工程实施程序和步骤 ... 22
### 2.3.1 顶升工程的实施程序 ... 22
### 2.3.2 顶升托换方案的制订 ... 24
### 2.3.3 顶升方式与顶升设备体系配置 ... 30
### 2.3.4 关键施工环节 ... 32

## 2.4 顶升过程控制指标及操作和竣工验收要求 ... 36
### 2.4.1 顶升控制指标 ... 36
### 2.4.2 顶升工程具体操作要求 ... 37
### 2.4.3 竣工验收要求 ... 39

## 2.5 桥梁顶升施工案例——济南市北园大街快速路西延四标段桥梁顶升工程 ... 39
### 2.5.1 工程概况 ... 39
### 2.5.2 方案编制总则 ... 42
### 2.5.3 顶升施工技术方案 ... 44
### 2.5.4 顶升支承系统布置与箱梁顶升施工 ... 52
### 2.5.5 桥墩、桥台改造与落梁 ... 65
### 2.5.6 济南市北园大街快速路西延四标段桥梁顶升过程一览 ... 76

【本章思考题】 ... 78

# 第3章 工程结构平移施工技术 ... 79

## 3.1 整体平移工程施工的基础知识 ... 79
### 3.1.1 平移工程的施工过程以及辅助结构和设施 ... 79
### 3.1.2 结构整体平移工程与顶升工程施工关键子技术异同点 ... 84
### 3.1.3 水平旋转平移路线选择 ... 85

## 3.2 平移工程实施 ... 86
### 3.2.1 施工前的检测与方案设计 ... 86

  3.2.2　施工阶段主要内容 ……………………………………………………………… 88
3.3　平移工程施工过程质量控制 ……………………………………………………………… 90
  3.3.1　控制指标 …………………………………………………………………………… 90
  3.3.2　关键施工工序的质量控制 ………………………………………………………… 91
3.4　建筑物平移施工案例——当涂水建疏浚公司办公楼平移工程 ………………………… 92
  3.4.1　工程概况 …………………………………………………………………………… 92
  3.4.2　方案编制依据及原则 ……………………………………………………………… 94
  3.4.3　总体设计方案 ……………………………………………………………………… 95
  3.4.4　主要工序与施工要点 ……………………………………………………………… 95
  3.4.5　监测方案 …………………………………………………………………………… 100
  3.4.6　施工过程中的应急预案 …………………………………………………………… 101
  3.4.7　施工人员与机械设备配置 ………………………………………………………… 102
【本章思考题】 …………………………………………………………………………………… 103

## 第4章　顶升技术在桥梁养护中的应用 …………………………………………………… 104

4.1　桥梁养护的要求和分类 …………………………………………………………………… 104
  4.1.1　桥梁养护要求 ……………………………………………………………………… 104
  4.1.2　桥梁养护分类 ……………………………………………………………………… 105
4.2　顶升技术在桥梁支座更换与调整中的应用 ……………………………………………… 106
  4.2.1　支座更换的条件 …………………………………………………………………… 106
  4.2.2　更换桥梁支座的方法与步骤 ……………………………………………………… 106
  4.2.3　调整支座高程 ……………………………………………………………………… 108
4.3　顶升技术在桥梁坡度设置中的应用 ……………………………………………………… 109
  4.3.1　调整横坡 …………………………………………………………………………… 109
  4.3.2　调整纵坡 …………………………………………………………………………… 109
  4.3.3　顶升施工要点 ……………………………………………………………………… 110
4.4　顶升技术在桥梁维修与加固中的应用案例——枞阳县乌金渡大桥
   维修工程 ………………………………………………………………………………… 110
  4.4.1　编制说明及依据 …………………………………………………………………… 110

  4.4.2 工程概况 ··· 111
  4.4.3 工程项目的施工方案及流程 ··· 112
  4.4.4 桥梁顶升更换支座施工 ··· 113
  4.4.5 裂缝病害修补 ··· 116
  4.4.6 桥梁构件粘贴钢板加固施工 ··· 119
  4.4.7 更换 T 形梁工程施工 ··· 122
  4.4.8 桥面系施工 ··· 123
  4.4.9 质量与安全保证体系 ··· 126
【本章思考题】 ··· 138

# 第5章 顶推技术在桥涵工程中的应用 ··· 139

## 5.1 桥涵顶推施工形式 ··· 139
  5.1.1 箱涵顶推 ··· 139
  5.1.2 预应力钢筋混凝土简支梁或连续梁桥顶推 ··· 140

## 5.2 桥涵顶推施工案例——西安市建工路高架桥顶推工程 ··· 143
  5.2.1 工程概况 ··· 143
  5.2.2 顶推总体施工方案 ··· 144
  5.2.3 施工组织 ··· 146
  5.2.4 顶推施工准备工作 ··· 149
  5.2.5 顶推中的关键技术措施 ··· 151
  5.2.6 试顶推 ··· 153
  5.2.7 正式顶推 ··· 154
  5.2.8 顶推施工作业中的应急预案 ··· 158

【本章思考题】 ··· 160

# 参考文献 ··· 161

# 本书部分编审人员专家简历 ··· 163

# 第 1 章
# 工程结构顶升与平移技术概述

## 1.1　工程结构顶升与平移技术应用背景与概况

### 1.1.1　桥梁顶升与平移技术的应用背景与概况

随着我国经济的高速发展,人们的生活需求日新月异,对交通运输,无论是陆运还是水运的通行条件和标准都提出了更高的要求。

在陆路交通中,随着城市化进程的加快和建设规划的更新,许多既有城市桥梁严重影响了新规划公路或高架桥梁建设。其中部分既有桥梁建造完成的时间不长,还有很长的设计使用期,如果拆除,造成的经济损失巨大;但如果保留,这些桥梁的高程与新建桥梁存在差异,难以对接。通过对桥梁进行顶升,调整其高程,使其与新建桥梁高程相符合,既保留、利用了原桥梁,又能缩短建设周期、减少经济损失和社会影响,对国家、社会和人民生活来讲是综合效益最优方案。如厦门仙岳路台湾街立交桥顶升工程(图1-1),最大顶升高度达11.262m。

水运是降低运输成本的有效途径,但由于历史原因,过去所建的跨越河流的桥梁桥下净空不足,造成河道的通行标准偏低。随着水上运输受重视程度的提高,提高航道等级势在必行,提高跨河桥梁的净空高度成为急需解决的问题。如果拆除重建,工期较长,对水路交通影响很大,成本高,而应用桥梁顶升技术调整其高程则具有工期短、投资少、社会影响小等优势,是跨越大型河流的高速公路桥梁提高通航净空的最佳选择。2003年9月,横跨海河的天津狮子林桥(图1-2)被整体顶升1.271m,是我国第一个应用现代顶升技术完成的桥梁改造工程。

图1-1　厦门仙岳路台湾街立交桥顶升工程

图1-2　天津狮子林桥

在路桥的建设过程中,时有设计、施工失误情况发生,如湖南某新建高速公路跨线拱桥,因设计方案多次调整,高速公路路面高程调整后,跨线拱桥高程未调整。建成后,跨线拱桥被整体顶升1.3m,这是我国首个拱桥顶升工程(图1-3)。

图1-3 湖南某高速公路跨线拱桥顶升工程

随着桥梁使用期的延长,受自然环境的侵蚀或各种荷载作用,支座等部件不可避免地产生老化或其他病害,支座的维修更换也需要应用整体顶升技术,将既有损伤支座拆卸后方能实现更换。

公路桥梁在长期使用过程中,病害损伤不可避免,常规维修养护方法是先封闭半幅道路进行维修,完成后封闭处理另外半幅。工程结构整体平移技术的出现提供了新思路:对于一些老化十分严重的桥梁,可以在旁边修建新桥,新桥修建完成后将原桥梁切割平移拆除,新桥平移就位,与原道路对接。如北京三元立交桥,2015年在24h内实现了整体平移置换(图1-4)。

a) 就位俯视图　　　　　　　　　　　　b) 分区置换示意图

图1-4 北京三元立交桥平移置换工程

对于跨越高速铁路(简称高铁)的新建桥梁,搭设脚手架将影响高铁安全运行,可平行高铁线路建造桥梁,建造完成后以桥墩为轴,将桥梁整体水平旋转到位。如保定乐凯大街南延线4.6万t斜拉桥跨越京广铁路转体工程(图1-5)。

## 1.1.2 建筑物顶升与平移技术的应用背景与概况

国民经济的高速发展推动城市化进程加快,必然引发城市规划布局的大范围调整和房地产的大规模开发。在这个过程中,势必会遇到一些与城市未来发展规划冲突但仍具有较高保留价值的建筑物或其他工程结构,将其拆除将造成巨大的经济损失或其他损失。我国作为历史悠久的文明古国,与规划冲突的既有工程结构不可避免包括一些具有较高历史、文化价值或纪念意义的文物古迹和保护建筑，将其拆除将造成不可挽回的文化价值损失。建筑物整体顶升与平移技术的实施，较好地解决了这一矛盾。例如，上海市级文物保护单位、近代优秀建筑上海音乐厅，其原址与上海市地铁和延安路高架建设规划冲突，2003年被平移66.46m、被顶升3.38m，搬迁到新址，如图1-6所示。

图1-5　保定乐凯大街斜拉桥转体工程

城市建设改造进程中，一方面，建筑物整体顶升与平移技术为城市建设提供了成本低、见效快、节约资源、对社会生活干扰小的技术手段；另一方面，城市建设的快速发展也推动了这一技术的进一步发展。从20世纪90年代初至今近30年间，我国已经完成了600多项建筑物整体顶升与平移工程，最大平移距离达到30多公里，最大顶升高度达到15m，被平移的建筑物最大高度超过15层(67.6m)，被移位的最大建筑面积达24000m²（国内代表性建筑物整体移位工程见图1-7～图1-20）。

图1-6　上海音乐厅平移工程

图1-7　南京江南大酒店平移工程(2001)

图1-8　温州百年叶宅移位保护工程(2006)

图1-9 高67.6m 15层莱芜开发区管委会大楼平移工程(2006)

图1-10 13层常州红星大厦平移工程(2009)

图1-11 济南别墅车载搬迁30km(2009)

图1-12 南京博物院老大殿顶升工程(2010)

图1-13 泉州濠璟大厦二次旋转平移工程(2012)

图1-14 武当山遇真宫山门顶升15m工程(2012)

图1-15 大同展览馆分体累计平移1402m(2014)

图1-16 拉萨唐代彩绘巨石平移工程(2016)

图 1-17　上海玉佛寺大雄宝殿平移工程(2017)

图 1-18　厦门后溪长途汽车站整体旋转平移工程(2019)

图 1-19　武汉杨正古铁佛寺大殿与佛塔平移工程(2020)

图 1-20　宁夏青铜峡黄河母亲像车载平移工程(2021)

在建筑物整体顶升与平移技术基础上,新建建筑物的预制建造技术被发展并应用。2000 年 10 月,荷兰南部港口城市斯希丹采用预制平移方案建造了一座 10 层办公楼,通过驳船运输 15.5n mile 上岸后平移 1500m 就位(图 1-21)。

2018 年 12 月 22—29 日,使用了 4 台液压泵源系统和 24 台液压提升器(共有 432 根钢绞线)进行牵引,重达 5300t、直径 100m 的南京江北市民中心上圆主体环梁主桁架钢结构完成同步提升就位,实现封顶(图 1-22)。

图 1-21　荷兰斯希丹 10 层楼房预制平移建造

图 1-22　南京江北市民中心钢环梁整体提升

## 1.2 工程结构顶升与平移技术的概念、分类及关键技术

### 1.2.1 工程结构顶升与平移技术的概念与整体移位工程的分类

**1. 工程结构顶升与平移技术的概念及实施的基本思路**

工程结构顶升与平移技术统称为工程结构整体移位技术,是指在保持上部主体结构整体性的前提下从原址搬迁到规划新址的技术。其实施的基本思路是:首先,通过新增托换结构对需要被迁移的部分进行托换;然后,采用切割技术使被迁移的部分与保留的下部结构或地基、基础分离,形成一个可移动体;最后,通过动力设备顶推、牵拉或顶升、提升,将被迁移部分平移到新址,进行就位连接。

**2. 整体移位工程的分类**

根据新旧位置的平面坐标和高程不同、新旧址之间是否存在障碍物等因素,整体移位的路线可分为横向平移、纵向平移、斜向平移、转向平移、多次转向平移、水平旋转、原位竖向顶升、竖向旋转-纠倾,如图1-23所示。根据移动路线和移动对象不同,形成了不同的工程类型,如顶升工程、平移工程、转向平移工程、爬坡移位工程、纠倾工程、调坡工程、水平复位工程等。

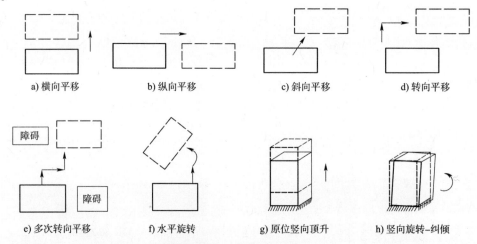

图1-23 整体移位路线示意图

### 1.2.2 工程结构顶升与平移关键技术

工程结构顶升与平移技术属于综合技术,由实现各施工工序目标的多项子技术组成。与工程关键施工过程的目标要求相对应,工程结构顶升与平移技术包括以下关键技术。

**1. 结构托换技术**

结构托换技术是改变荷载传力路线的技术。在整体移位工程中,主要指在被移位部分

结构底部增加一个具有足够承载能力和刚度的托盘结构的技术,如图 1-24 和图 1-25 所示。

图 1-24　某拱桥顶升工程中的托换平台

图 1-25　某平移工程中的托盘结构

**2. 移位轨道技术**

平移工程中的移位轨道由平移下滑梁(常用单肋或多肋梁条形基础形式,见图 1-26)及上面铺设的轨道板(钢板或型钢)组成。

a) 海南某项目单肋条基下滑梁

b) 某双向平移工程转向区双肋下滑梁

c) 南京江南大酒店平移工程中的双肋下滑梁

d) 单肋下滑梁、上铺钢板与滚轴

图 1-26　平移工程中的移位轨道

**3. 支座支承技术**

不管是在顶升工程还是平移工程中,千斤顶施加动力时,都需要支座提供反力。支座形式通常有四类六种。

第一类支座:平移工程中提供水平动力时的反力支座,包括固定支座和可移动支座两种

(图1-27),结构形式可以是钢筋混凝土结构,也可以是钢结构。

a) 钢筋混凝土固定反力支座

b) 型钢可移动反力支座(地锚式)

c) 型钢可移动反力支座(拉锚式)

图1-27 平移工程提供水平动力的反力支座

第二类支座:平移工程中的行走支座,包括滚动支座[图1-28a)]和滑动支座[图1-28b)]两种。其中,滚动支座包括实心钢棒滚轴、钢管混凝土滚轴、工程塑料滚轴等。滑动支座通常选用下表面光滑(粘贴聚四氟乙烯板或不锈钢板)的滑块或钢板作为行走摩擦副,上部可直接与托换梁牢固连接。一些工程中在下滑块摩擦钢板与上部托换梁之间增设了竖向千斤顶,用以调整平移过程中产生的沉降差,保证移位过程中被移主体结构安全。

a) 滚动支座

b) 滑动支座

图1-28 平移工程中的行走支座

第三类支座:在桥梁顶升过程中,大部分工程为顶升桥面结构,往往与地面有一定距离,因此下面需要设置顶升反力平台或支座。最常见的形式为支承柱和分配梁组合,参见图1-29。

a)

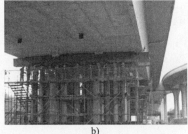
b)

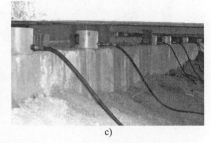
c)

图1-29 不同形式的桥梁顶升反力支座

第四类支座:SPMT(Self-propelled Modular Transporter,自行式模块运输车)。实际上,自行式模块运输车不仅仅包括竖向支座和水平支座,而且配置了全自动化的动力系统和同步控制系统,SPMT的每组轮轴上,设有方向位置可调的动力千斤顶,能实现多组自行式模块运输车组合自动化平移、转向、顶升操作,从而实现多台自行式模块运输车一体多向自由同步移位。参见图1-30。

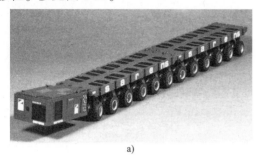 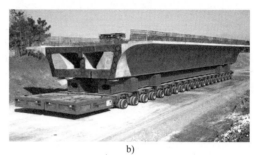

a) b)

图1-30 自行式模块运输车及其应用

**4. 同步位移控制技术**

最常见的移动动力设备是千斤顶,当荷载较小时也可采用卷扬机。同步位移控制技术采用PLC(Programmable Logic Controller,可编程逻辑控制器)液压同步控制系统,可以方便地实现自动化同步位移控制,包括同步角位移控制。

**5. 结构切割分离技术**

结构切割分离技术包括人工切割和机械切割,人工切割常采用锤錾凿除,机械切割可采用轮片锯、金刚石线锯、取芯机或高压水刀等,如图1-31所示。

a) 轮片锯切割　　　b) 金刚石线锯切割　　　c) 取芯机切割　　　d) 高压水刀切割

图1-31 几种结构切割分离技术的切割方式

**6. 限位技术**

建筑物平移过程中预防水平扭转脱轨,桥梁顶升工程中避免水平偏位,均需要设置限位装置,如图1-32所示。

a) 桥梁顶升工程纵向限位　　　　　　　　b) 平移工程水平限位

图1-32 移位工程中的限位装置

## 7. 就位连接技术

建筑物就位连接方式包括直接焊接钢筋连接方式、浇筑混凝土连接方式(图1-33)和隔震支座连接方式(图1-34)。桥梁通常采用隔震支座连接方式。

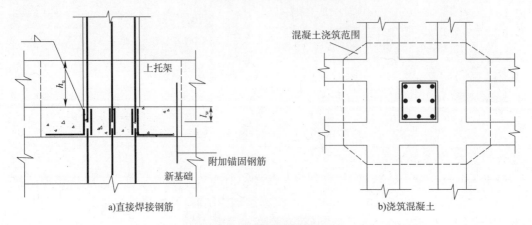

a) 直接焊接钢筋　　　　　　　　b) 浇筑混凝土

图1-33　常规连接方式构造

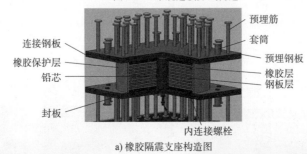

a) 橡胶隔震支座构造图

b) 既有建筑物隔震支座连接　　　　c) 桥梁中的支座更换

图1-34　隔震支座连接方式

## 8. 实时监测技术

为保证顶升与平移工程安全、顺利实施,施工全过程应进行严格施工控制和实时监测。

实时监测包括静态监测和动态监测。静态监测内容主要包括移动速度、位移、关键部位裂缝和应力、沉降和沉降差、扭转(水平偏差)、倾斜角、移动动力等。其中,沉降和沉降差、水平偏差是工程结构移位工程中的重要控制指标,直接关系移位实施全过程的安全。关键部位裂缝和应力为结构变形的随时间接响应指标,其他指标则主要影响工程加载和移位的顺利进行。

动态监测主要是振动加速度监测。通常在每个顶升和平移行程中,加载与卸载的短暂时间段内会出现较大的振动加速度。

## 1.3 工程结构顶升与平移技术领域的特点、需求和发展趋势

### 1.3.1 工程结构顶升与平移技术领域的特点

总体而言,我国工程结构整体移位技术发展迅速,产业规模日益壮大。综合分析该技术领域的特点如下:

(1)总体水平极差大。工程结构整体移位技术涉及设计、施工、管理、经济、文化、劳动、安全等诸多方面,入行门槛低、发展良莠不齐、总体水平极差大。

(2)学科领域跨度大。与工程结构整体移位技术相关的学科领域有规划、建筑、土木、机电、测绘、信息、历史、文保、人文等,领域跨度大、信息庞杂、语义交错,具有特定的学科交叉特征。

(3)工程应用范围广。工程结构整体移位技术服务城镇更新、建筑功能、结构安全、文物保护、交通设施、地下空间等众多应用场景。

(4)安全风险管理难。需要移位的建筑物往往建成多年、体系复杂且资料信息短缺,而移位过程中则需要在短时间内改变建筑物结构状态,并且在不同的场地条件和复杂的荷载作用下转换传力路径。目前在安全风险管理等方面面临相当的技术难度。

(5)技术维度多。工程结构整体移位技术是由多项关键技术集成的综合改造技术,涉及结构、岩土、机械、电气、液压等不同技术维度,其突出特征是技术集成和综合。

### 1.3.2 工程结构整体移位技术发展需求

近年来,我国社会经济逐步转入新发展阶段,城乡功能更新成为美好生活的重要抓手。这对工程结构整体移位技术领域提出了新的需求与技术挑战,主要包括以下几个方面。

(1)高难度复杂技术需求。城市规划的更新升级过程中,一些大体型复杂综合体建筑出现环境优化和位置调整的需求,大体型复杂结构的移位技术对大吨位托换、沉降控制和移位设备系统提出新的挑战。

(2)城市小区功能提升需求。面对普遍存在的老旧小区功能弱、停车难等短板与痛点,"首层托换+地下空间开发利用+综合减隔震"等被证明是资源节约、低碳环保、工期短且综合效益佳的优选技术措施。

(3)城市交通优化需求。面对城市道路拥堵顽疾,新建高架、隧道和既有城市市政桥梁的维护、更新、改造工程数量日益增长,应用顶升技术与新建结合,大幅缩短工期和降低成本。

(4)历史建筑保护开发利用需求。弥补历史建筑与街区文化传承保护的短板,全面优化历史建筑保护环境,开发文物建筑综合社会价值。

(5)城市更新环保节能与节约资源需求。通过推动工程结构整体移位技术融合既有建筑(群)本体保护与周边地下空间开发,促进城市绿色低碳、可持续发展。

(6)江河海岸水运与堤防升级需求。提升江河行洪、通航能力与堤岸安全等级,重塑江河生态环境。通过跨河桥梁的顶升提高通航净空,通过平移技术将堤岸人文景观建筑内迁,为大江大河综合治理、功能升级提供条件。

(7)新建建筑的预制平移建造工程需求。大型预制装配式建筑在施工工期、质量控制方面相比整体现浇建筑具有突出优势,相对于小构件的现场拼装,其整体性能较优,是建筑业施工技术体系的重要发展方向。这项技术当前仅用于个别大型桥梁等大型结构的建造中,技术体系需要进一步拓展。

### 1.3.3 工程结构整体移位技术发展趋势

(1)建筑物整体移位设计理论的深入研究。在移位结构体的关键力学模型及机理、移位控制系统及智能控制策略、移位智能感知与决策分析等方面,建立全面的技术理论体系。每个部分又可细分为多个具体理论问题,以移位结构体的关键力学模型分析为例,可开展移位工况中的振动分析、移位过程中侧向偏移机制及控制技术、结构体移位运动特征与规律等研究。

(2)通过跨领域、跨学科的顶层技术融合,开展智能化成套技术研发。可在多个方面开展成套技术研发与应用研究,如超高顶升中竖向工具式钢支承压缩回弹技术,装配式可循环利用的托换结构与临时基础技术,下滑道梁与托换结构绿色拆除技术,顶层、层间、地下全方位空间开发技术等。

(3)拓展低成本大型复杂结构及长距离整体移位技术。把握超大体型、大跨、高层建筑、长距离整体移位面临的技术挑战,把握新问题,提升材料性能和设备利用效率。

(4)新型预制建造拼装技术。基于建筑产业化理念,拓展结构或建筑单元预制-整体移位建造技术体系;拓展功能结构的预制、新老置换快速功能更新与性能提升技术体系;开展既有建筑原位托换或升降保留改造条件下,地下空间开发与地上新老综合体建筑的结构体系研究,同时进行配套的施工工艺体系开发。

(5)未来可调、可逆建筑技术。基于未来城市建筑及环境的便利可调性设想,让可移动建筑或可移动城市成为可能。

## 1.4 掌握工程结构顶升与平移技术的意义

(1)学习工程结构顶升与平移技术有助于读者更好地了解国内外土木工程技术的发展脉络,培养技术创新思维。

工程结构顶升与平移技术在国外已有100多年的发展历史,可以追溯到1900年新西兰采用蒸汽机车将一栋民房搬迁到100mile以外的新址。20世纪90年代初,我国独立发展了工程结构整体移位技术,较早应用实例出现在重庆市和福建省晋江市。经过近30年发展,结构托换技术、移位轨道的设计与分析、移动支座功能均取得了长足的进步,同步位移控制技术从最初的原始的人工控制逐步发展到PLC液压同步控制系统,实时监测技术也从有线监测发展到无线监测。

(2)学习工程结构顶升与平移技术有助于掌握一种应用广泛的、有效解决社会突出问题的高新技术,为更好地服务社会和追求良好的个人发展奠定基础。

建筑物的整体顶升与平移技术对桥梁更新改造、建筑物布局调整、文物古迹的保护性移位、建筑物的顶升纠偏等建筑物的保护维修工作具有特别重要的意义;掌握了顶升与平移技术能有效地对既有桥梁、建筑物进行改造,从而有效地节约社会资源、减少浪费,做到物尽其用,真正做到为社会主义建设发展做出贡献。对于工程建设而言,能够快速地完成桥梁、建筑物顶升、平移改造,在为企业创造相应的利润同时,也能够节约社会资源,具有非常重要的现实意义。

(3)学习工程结构顶升与平移技术有助于拓展思维。

通过对技术需求、发展趋势的介绍,我们可以看到,学习一门技术,不仅仅是学习知识点、理论体系和应用技术,更重要的是培养思维模式,思考预测未来人民的美好生活方式是什么样的,未来的城市是什么样的,以及我们在建设未来美好家园过程中应具备哪些素质和能力。

## 1.5 学习工程结构顶升与平移技术的方法

### 1.5.1 应具备的专业基础知识

工程结构顶升与平移技术涉及岩土工程、结构工程、机械工程、电气工程、电子工程等多学科综合知识,比如结构受力体系计算与托换结构设计、移位轨道设计与沉降控制、液压机械设备操作、液压同步控制系统软件开发利用、有线和无线监测、就位连接及抗震隔震技术等。要学会工程结构顶升与平移技术,就必须认真学习并掌握土力学及地基基础处理、结构力学、结构设计、结构修缮加固相关理论知识,液压理论基础知识,试验与测量基础理论;熟悉PLC液压同步控制系统原理及软件应用原理。

工程结构顶升与平移是多专业配合的系统工程,根据各人从事的行业要相应掌握其余相关专业的背景知识。

### 1.5.2 高效学习的方法

由工程结构顶升与平移技术学习所需基础知识以及该技术的关键技术组成,我们可以了解到,学习这门技术是相当有难度的。那么,我们如何才能尽快掌握这门技术呢?

第一,要全面了解该技术的组成及特点,建立总体框架。

第二，针对每项关键技术，逐一掌握其技术要点，包括设计、施工设备以及施工要点。

第三，打牢理论知识基础。技术要点不应该靠死记硬背习得，而是要充分理解为什么要那么做。通常，设计离不开力学基础理论，施工离不开自动化控制理论。在牢固掌握这些基础理论的前提下，深入理解技术要点就事半功倍。

第四，充分利用案例学习。案例学习对于初学者无疑是一种高效的学习方式。除了本书中提供的基本案例外，广泛利用网络资源，主动搜索查阅相关案例，观看工程视频，对比分析工程特点及相应方案的优缺点，能够快速扩充知识范围，理解并把握合理方案选择的原则。

第五，相互交流很重要。同学之间、网友之间交流、讨论工程问题有助于快速学习。另外，参加技术交流会，请教专家是了解最新技术前沿、学习有深度知识和把握细节的有效手段。

### 本章思考题

1. 简述工程结构整体移位技术的概念。
2. 从移动路线划分，整体移位工程包括哪些类型？
3. 工程结构顶升与平移关键技术有哪些？分别属于哪些学科领域（提示：土木工程、机械工程、自动化控制、工程管理等）？
4. 工程结构整体移位技术领域的特点有哪些？
5. 结合我国社会发展现状，讨论工程结构整体移位技术的应用范围和发展趋势（提示：可以从技术整体发展应用、各关键技术发展应用两个方面进行讨论）。

# 第 2 章
# 工程结构顶升施工技术

## 2.1 顶升施工的基础知识

### 2.1.1 顶升施工操作步骤

顶升施工的操作步骤如下：

(1)将需顶升的建筑结构与一个具有足够承载力和刚度的托盘牢固连接，这个托盘称为上托盘结构(又称托换结构)。

(2)将原基础根据顶升后的承载要求加固改造为新基础,作为顶升施工期间的顶升反力平台,又可称为下托盘结构。

(3)在上、下托盘结构间安装顶升千斤顶、随动支承(千斤顶或垫块)及竖向反力支承。

顶升千斤顶用以提供顶升动力,当顶升千斤顶到达一个顶升行程时,油缸需要回缩,下部支承增设垫块;千斤顶调整位置后准备下一个顶升行程,此时,随动支承对上部结构提供临时支承;当下一个顶升行程开始时,随动支承也相应增高。

(4)启动千斤顶,顶紧后,在上、下托盘结构间进行墩柱切割,将上部结构与下部基础断开。

(5)顶升千斤顶、随动支承交替工作,顶升全过程各顶升点应保持位移同步,顶升方式可采用两套顶升千斤顶交替顶升,亦可采用随动千斤顶(专利技术)或垫块与顶升千斤顶配合顶升等。

桥梁顶升系统组成如图 2-1 所示。

图 2-1 桥梁顶升系统组成

### 2.1.2 顶升施工系统

**1. 土建结构系统**

土建结构系统又可分为上托盘结构、下托盘结构、结构断开、结构连接、限位装置等。

顶升施工最重要的施工环节是完成上部结构荷载的托换转换。顶升工程中的荷载托换转换有两次：第一次是竖向荷载由经原柱、墙传递给原基础的传力路线，转变为经上托盘结构、顶升支座传递给顶升平台（通常由原基础改造而来，顶升后为新基础），实现方法是完成上托盘结构和竖向支承后将上部结构与原基础切割分离；第二次是顶升到位后，接长柱、墙与新基础相连，荷载由经上托盘结构、顶升千斤顶传递给新基础的路线，转换至经接长后的柱、墙传递给新基础，这个过程称为结构托换。

上托盘结构的设计和施工是安全托换的关键，首先应明确建筑物的结构形式、地基基础形式、结构传力模式，根据结构的这些特点才能设计出合理的上托盘结构。上托盘结构设计时，首先，选定结构断开位置；然后，计算出原结构各墩、台、柱、墙在断开部位处的荷载值；最后，选定托换结构形式，分别验算各传力点的承载力。

房屋结构的托换结构通常设计成水平框架形式，在墩、台、柱、墙等传力点处通常设计成抱柱梁或夹墙梁形式。其中，托换结构和原结构接触部位的界面处理是影响结构安全的关键。

桥梁顶升工程中，通常会直接将墩柱上方的盖梁作为上托盘结构。当无盖梁或盖梁下顶升操作空间不足时，会增设型钢分配梁作为上托盘结构。

下托盘结构通常由经过加固改造的原基础担任，与竖向支承、垫块等共同构成顶升反力平台。

为确保原结构断开、顶升后不产生超出规范规定的、影响结构安全性和正常使用的侧向位移，还应设置限制结构侧向位移的限位装置，该装置应足以抵抗结构顶升过程中的侧向力。限位装置参见图1-32。

**2. 液压同步控制顶升系统**

顶升过程中应保持各顶升点位移同步。需要注意的是，这里的同步位移可以是线位移，也可以是角位移。原位垂直顶升工程中，同步位移为线位移；在建筑物顶升纠偏工程中，同步位移则为角位移，房屋姿态展现为顶升竖向旋转移位。

液压同步控制顶升系统由液压顶升千斤顶、钢支承、钢垫块、分配梁、液压控制泵站、连接油管、各类阀门、位移控制器及信号连接线、PLC液压同步控制软件、中央控制室（包括电脑、数据显示器等）组成。

PLC控制器、位移监测传感器组、液压千斤顶群和液压泵站组成PLC液压同步控制系统（具体构造参见2.2.2节图2-3）。液压千斤顶是为结构顶升提供顶升动力的设备；液压泵站是为千斤顶提供液压动力的设备，通过控制点（由中央控制室的控制软件发布指令）对点内控制的液压千斤顶群的液压力、位移量进行控制。PLC液压同步控制系统通过控制软件由中央控制室对各泵站及控制点发布顶升位移指令（可联动也可单动），各泵站及控制点根据位移指令加载液压力，并控制供油量至各顶升千斤顶，其间根据各顶升点位移监测数据即时反馈调整,从而实现建筑物结构的整体同步位移顶升。

3. 实时监控系统

实时监控包括实时监测和实时调控两部分。实时监测是指施工中对各类结构作用效应指标(也称结构响应,通常包括沉降与沉降差、侧移、扭转、应力、应变、裂缝、振动加速度等指标)的数据采集与分析;实时调控是指当对结构上的作用效应进行分析,发现作用效应指标超出允许限值时,采取的消除或复位措施。

实时监测系统通常由传感器、连接线、数字化采集仪组成,传感器和数字化采集仪的型号根据所监测的结构效应内容选择。整体移位工程中的监测内容分为两类:一类是静态监测(也称静力监测,监测内容不涉及结构动力响应,包括裂缝、应力、应变、位移等);另一类是动态监测(也称动力监测,主要是振动加速度监测)。施工时,根据需要设置监测内容和相应的仪器设备。

顶升工程中的实时监测系统主要对原结构的姿态、结构变形、应力变化进行监测。针对这些参数设置相应的监控元件(传感器),并将其与监控数据采集仪连接,在结构移位过程中不断将采集相关数据与 PLC 液压同步控制系统的数据进行比对,相应适时调整 PLC 液压同步控制系统的位移指令,以确保结构始终处于安全可控状态。

实时调控系统在实际操作中难度要大得多。一些技术指标能够实现自动化调控,取得高精度实时调整效果,例如,顶升位移的同步性、沉降差的自动化调控可通过 PLC 液压同步控制系统实现,顶升水平偏差可通过悬吊式提升系统自动复位。而有些技术指标的调控,以目前的技术难以达到全自动化水平,则需要暂停施工,分析原因,给出对策后进行调整,比如,桥梁变坡顶升工程中的顶升垫块的错位,局部结构发现开裂等。必要时,应组织专家论证或评审原因与对策分析。

在制订监控方案和选择测量仪器与调控设备时,应遵循以下原则:

(1)尽力保证"实时"性。只有保证监测数据的及时采集、分析与反馈,才能有效保证结构安全。

(2)仪器设备应考虑现场监测对信号采集的抗干扰性要求。当多点信号采集距离较远时,可采用无线监测技术,无线监测技术的抗干扰性能应有足够的保证。

(3)应根据监测指标的特点和工程需求确定合理的采集频率。对于结构响应变化缓慢的工程,实时监控系统全工期待命将产生巨大能耗,可以设定满足工程需求的间歇性开关机机制,但应设定明确的开关机条件。

(4)若出现监测指标值超限或异常,则需要临时停止施工,并分析监测指标值。在准备应对策略时,应提出保证临时停工状态下的结构安全措施。

## 2.1.3 顶升施工所需的基础理论知识

根据上述技术实施内容可知,完成结构顶升设计与施工,需具备以下相关基础理论知识。

(1)力学基础理论与设计理论类。

材料力学、土木工程材料、结构力学、钢筋混凝土结构及预应力钢筋混凝土结构设计、钢结构设计(分配梁、钢支承承载力及稳定性计算)、砌体结构设计、土力学与地基基础、地基处理技术等相关知识。

(2)结构加固改造技术类。

新旧混凝土结合面力学性能、植筋技术、结构静力钻切技术、灌浆料性能、焊接技术等知识。

(3)液压机械类。

液压千斤顶及稳定(随动)千斤顶的配置及计算、PLC液压同步控制系统原理和操作知识。

(4)工程监测、测量类。

位移量测监控及报警红线设置的相关知识。

(5)工程管理及概预算类。

施工组织设计、施工进度表、概预算、劳务管理等软件操作知识。

(6)设计与结构分析软件类。

应用各种建筑结构和桥梁设计与分析软件进行建模和结构设计、分析的知识,用于施工过程中各工况的结构安全性验算。常用的设计分析软件包括:中国建筑科学研究院PKPM系列、盈建科建筑结构计算软件YJK系列、桥梁结构设计分析软件MIDAS、同济大学开发的桥梁博士软件、大型有限元分析软件ANSYS、ABAQUS等。仅进行弹性分析时,清华大学编写的结构力学求解器是一个应用非常简便的计算工具。

近年来,各种BIM(Building Information Model,建筑信息模型)软件发展迅速。由于BIM软件具有可视化和开放性多维信息特性,其不仅能够用于设计,还能进行全方位过程管理,是未来必然的发展趋势。

(7)建设法规与施工验收类。

常规建设验收规范和关于建筑物整体移位施工的有关技术规范。

在上述基础知识学习的过程中,除了全面阅读课本和规范外,查阅专著、论文等技术资料有助于开阔视野,了解最新技术进展。随着互联网技术的发展,通过网络视频、论坛学习是一种高效的学习方法。

另外,对于高新技术类工程的实施,我们应该形成这样的认知:很多情况下相关规范是不完善的,技术是不成熟的,面对的实际情况更是千差万别,技术或方案本身往往不具备普适性。因此,设计和施工方案通常需要经过专家论证或评审方可实施。

## 2.2 顶升设备

### 2.2.1 顶升常用机械设备

结构整体顶升工程中的设备包括能源供应设备、结构钻切设备、移位动力设备与反力支座、移位过程位移同步控制及限位设备、监测监控设备等几大类。顶升常用的机械设备如表2-1和图2-2所示。

顶升常用机械设备表　　　　　　　　　　　　　　　　表 2-1

| 用途 | 名称 | 规格、型号 | 单位 | 备注 |
|---|---|---|---|---|
| 同步控制 | PLC 控制液压同步顶升系统 | 电脑、软件、显示器 | 套 | 中央控制系统 |
| | PLC 控制液压同步泵站 | FC-70-2-2.6-3 | 套 | 2 点同步 |
| | PLC 控制液压同步泵站 | SHP-F-2-1-3 | 套 | 4 点同步 |
| 动力施加 | 顶升双作用千斤顶 | TYZF-100 | 台 | 额定荷载 100t |
| | 顶升双作用千斤顶 | TYZF-200 | 台 | 额定荷载 200t |
| | 顶升双作用跟随千斤顶 | SDLRG-200-250 | 台 | 额定荷载 200t |
| | 顶推双作用千斤顶 | QYS-100 | 台 | 额定荷载 100t |
| | 顶推双作用千斤顶 | QYS-50 | 台 | 额定荷载 50t |
| | 小行程千斤顶 | 荷载规格多种 | 台 | 行程 50~100mm |
| 实时监测 | 拉线式位移传感器 | LXW-5 ENC 1000 | 台 | 位移测试 |
| | 水准仪 | DSZ-3 | 台 | 报告监测 |
| | 全站仪 | J2 级 | 台 | 高程和倾斜监测 |
| | 静力水准仪 | 磁致伸缩式 | 点、套 | 多点同步测量,适用于视线不通透的情况,有其他类 |
| 反力支承 | 钢支承 | φ609mm×16mm | m | 配套钢垫块使用 |
| | 钢支承转换接头 | — | 个 | 钢制变截面结构、连接 φ600mm 钢管与 φ500mm 钢管 |
| | 钢支承 | φ500mm×12mm | m | 与千斤顶连接 |
| | 钢结构分配梁 | — | 根 | H 型钢加工、型号多样 |
| | 抄垫钢板 | 厚度 δ2~20mm | t | |
| 动力调向 | 楔形垫板装置 | 型号多样 | 套 | 变坡顶升力方向调整 |
| 限位 | 限位装置 | — | 套 | 型钢、钢板加工、承载力控制 |
| | 限位装置 | — | 套 | 钢筋混凝土反力墩、承载力控制 |
| 能源供应 | 发电机 | 50kW | 台 | — |
| 施工机械 | 电焊机 | ZXG-400 | 台 | |
| | 钢筋挤压机 | YYBZ-63 | 台 | |
| | 钢筋混凝土静力切割机 | — | 台 | 轮片式、线锯、取芯机、型号多样 |
| | 氧割设备 | — | 套 | |

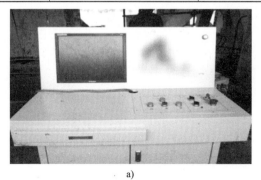
a)

b)

图 2-2

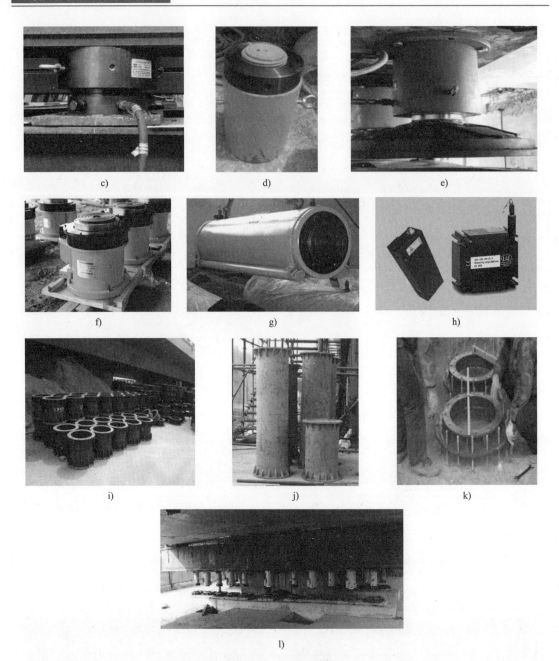

图 2-2 顶升常用机械设备

a)柜式PLC同步控制操作台;b)PLC控制液压同步泵站;c)100t顶升双作用千斤顶(最大顶升高度150mm);d)100t顶升双作用千斤顶(最大顶升高度300mm);e)200t顶升双作用千斤顶;f)跟随千斤顶;g)平移千斤顶;h)位移传感器;i)专用垫块;j)φ609mm钢支承;k)钢支承转换接头;l)千斤顶及顶升分配梁

## 2.2.2 PLC液压同步控制系统

### 1. 系统组成

PLC广泛应用于自动控制领域。在2003年上海音乐厅顶升与平移工程中,PLC液压同步控制系统被开发出来并首次成功应用。为实现结构在移位过程中结构力的变化、位移变化等参量的实时监测,及时反馈给千斤顶进行力和位移的调整,从而确保结构安全,PLC液压同步控制系统中配置了位移监控测量反馈系统。

PLC液压同步控制系统构成如图2-3所示,由三部分组成:第一部分是中央控制器,包括电脑、控制软件、控制界面(液晶显示器),集成到同步控制台中;第二部分是位移控制部分,由位移传感器(拉线式、光栅尺等)、数据线、数据采集器等组成;第三部分是位移顶升系统,由液压千斤顶、油管、液压泵站(集成式多点控制、变频电机)、数据线、液压控制台等组成。

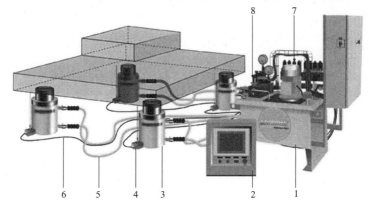

图2-3 PLC液压同步控制系统构成
1-液压泵站;2-同步控制台;3-液压千斤顶;4-位移传感器;5-油管;6-数据线;7-变频电机;8-液压控制台

PLC液压同步控制软件是具有专利技术的产品,可与专利权人进行技术合作。液压泵站可委托加工。油管、阀门、数据线、位移传感器等均可按需要在市场采购。

平移时,下滑道与上滑道间的支座可采用固定支座或用液压千斤顶作为支座。通过PLC液压同步控制系统控制的液压悬浮式支座可以及时调整或消除下托盘结构沉降带来的沉降差,可降低上部结构的开裂风险,或者略降低对下托盘结构刚度的要求。

**2. 工作原理**

在中央控制器中输入每个行程的预定位移值和允许位移差限值(控制位移精度,现有设备精度可达到0.01mm,工程中通常设为0.1~1mm);通过液压泵站对各千斤顶供油加压,直到各顶升点产生位移,此时回油阀关闭;各点位移通过位移传感器先传输给中央控制器进行分析评估,当发现某个顶升点相对于其他点的位移超出设定的允许位移差限值时,发出指令,关闭该顶升点千斤顶的供油阀,则此时千斤顶处于保压状态,但不会继续顶升;其他顶升点的位移则会继续增加,直到位移差缩小到限值以内,供油阀再次打开,继续顶升。达到一个设计行程后,被顶升结构通过随动支承临时保持稳定,所有千斤顶回油阀打开,开始回油。

同步顶升过程中需要位移反馈和超限判断。同步顶升速度不能太快,通常设定为5~10mm/min;同时位移数据采集频率不能太低,数据采集周期以0.1~0.5s较为适宜。

**3. 应用要点**

PLC液压同步控制系统整体顶升过程包括两个阶段。第一阶段是结构称重,由于结构计算荷载不可能和实际荷载完全相等,结构顶升工程中,正式移位前通过结构称重准确地确定正常顶升时的油压值是非常有必要的。第二阶段是正常顶升控制。

结构称重的步骤如下:(1)千斤顶充压,控制软件给定液压值,液压泵站供油加压(进油阀打开、回油阀关闭);当油压达到给定值时,进油阀关闭,保持持荷状态。一般情况下,给定的液压值所产生的力小于设计荷载值(通常取设计荷载值的70%~90%)。(2)控制软件给定一个初始位移目标值(通常为1~2mm),液压泵站持续加压,直至结构移动(所有点都达到初始位移目标值),记录油压和各顶升点荷载值,此油压即为正式顶升的控制油压值。

顶升工程中,每次顶升行程的油压基本不变,均与称重结果相同。但平移工程中,由于轨道的平整度、不同部位产生的沉降差和摩擦系数都会发生变化,水平动力施加值往往与平移测试值有很大不同,当动力差值超过10%时,应立即停止施工,查明原因并采取措施后方可继续移位。

液压泵站是按位移控制点数和泵站自身的控制点数(目前有2点式和4点式)配置的。一个泵站控制多个控制点,一个控制点可对应 $N$ 个千斤顶。液压千斤顶数量按各控制点所需顶力和液压千斤顶自身设计顶力配置(设计顶力需考虑千斤顶的安全系数,一般按千斤顶额定荷载的70%~80%计算;千斤顶组协同工作时的不均匀系数一般按10%考虑,动载系数按1.3考虑)。选择千斤顶的吨位、数量时,应和上、下托盘结构设计通盘考虑,确保上、下托盘结构的布置位置、承载能力能够满足千斤顶的布置及加载要求。

液压千斤顶一般使用额定压力最大60MPa的千斤顶(低压千斤顶)。同一个控制点内的千斤顶的最大行程应一致。

## 2.3 顶升工程实施程序和步骤

### 2.3.1 顶升工程的实施程序

顶升工程立项后的全过程实施程序如下:

(1)原结构的检测与可靠性鉴定。

对原结构进行检测,明确原结构的状态,对其是否满足顶升施工安全要求进行评估。根据建筑结构的检测情况决定是否需要加固补强,当需要时,制订加固补强方案。

检测内容通常应包括使用荷载情况、结构开裂情况、变形、沉降与沉降差、材料(钢筋、混凝土、砌块、砂浆)强度、表面损伤、钢筋的数量和位置、连接节点完好性、钢材锈蚀、焊缝缺陷、木材腐蚀等。结构的改造、加固、维修情况也应了解。每个具体工程的检测内容有所差别,可依据我国现行相关结构可靠度、危房、抗震等鉴定技术标准执行。

对原结构可靠性进行鉴定,明确原结构的工作模式与荷载传递模式,建立力学模型,分析验算结构整体与各柱、墙、梁等构件的内力和变形是否满足条件。根据地质条件,验算地基、基础承载力是否满足要求。

(2)总体方案选择。

根据结构特点、现状及场地条件以及工程实施目标,提出几种可行方案,通过综合比较选定较优总体方案。

常见方案选择的主要标准包括成本低、工期短、技术先进性高、技术成熟度高等。保证施工全过程的安全性是任何方案的必要条件。

(3)上托盘结构设计。

选择合适的上托盘结构形式,进行上托盘结构整体分析,进行托换构件及局部构造设计。上托盘结构包括永久托换结构和临时托换结构两类,绝大多数工程中,永久托换结构可以增强结构整体性,工程完工后无须拆除,因此条件允许情况下,优先设计成永久托换结构。当上托盘结构设置位置不得不占用使用空间时,通常设计成临时托换结构。选择设计方案时,不仅要保证足够大的托换承载力,还要考虑后期切割拆除施工的便利性和低成本需求。

(4)下托盘结构设计。

基础承台多作为顶升反力支座,又称为下托盘结构。主要设计内容为地基基础的加固设计,常见的方案有复合地基法、锚杆静压桩法、扩大截面法等。

(5)限位装置设计。

结构顶升工程中,通常横向和纵向均需设置控制水平偏差的限位装置。限位装置可设置在控制托换结构部位。限位装置初始位置设置原则为:保持与原结构的净距不大于偏移限值。

限位装置应具有足够抵抗水平荷载的能力。常用形式有限位墩、对拉型钢、整体限位框架等。

(6)顶升系统设计。

配备相应的顶升设备与附加装置,包括顶升千斤顶、随动千斤顶、钢支承、钢垫块、液压泵站、PLC液压同步控制系统等。

(7)编制施工方案并进行专家论证或评审。

(8)结构施工与设备安装。

施工顺序通常为:上托盘结构施工,下托盘结构施工,限位装置施工,千斤顶、钢支承安装,液压泵站及PLC液压同步控制系统设备安装,监控设备安装。

(9)顶升设备与监测调试。

(10)被顶升上部结构与原基础切割分离。

采用静力切割方法,断开被顶升上部结构与原基础的连接,完成结构传力途径的首次托换转变。

结构分离施工中应监测每个支承点位置沉降变化。

(11)试顶升与称重。

通过该步骤确定各点所需准确顶升力。

(12)正式顶升。

全过程进行静动态实时监测,监测方案根据具体工程的影响因素和安全保证目标制订,核心是监测内容与测点布置。

(13) 就位连接。

顶升到位后,清凿原结构混凝土,凿出连接钢筋,长度满足现行规范关于钢筋接头的要求;采用挤压连接套筒连接上、下钢筋,或采用焊接连接;浇筑混凝土。

(14) 拆除顶升千斤顶、反力支承等设备。

(15) 拆除临时结构如上托盘结构、下托盘结构、限位装置等。

(16) 恢复整个施工场地外观外貌。

包括场地回填、绿化、装饰装修等。

(17) 竣工验收。

按现行设计、施工规范验收标准,以及施工图的要求组织验收。工程结构顶升工程作为具有较高风险的高新技术工程,其施工过程中很多步骤属于临时措施,且现行规范并不完善,因此,很多工程中,经专家评审后的施工图和设计方案、施工组织设计等也作为竣工验收的依据。同时,实时监测报告通常也属于竣工验收必须提供的支撑文件。

### 2.3.2 顶升托换方案的制订

顶升托换方案根据结构形式和托换结构选定高程位置处墙、柱等竖向承重构件的竖向轴力编制。本书分为桥梁结构顶升托换方案、房屋建筑结构顶升托换方案两类进行介绍。

1. 桥梁结构顶升托换方案制订

(1) 桥梁结构的分类和受力特征。

常见的桥梁结构形式有简支梁桥、连续梁桥、桁架梁桥、拱桥、斜拉桥、悬索桥等。

除部分拱桥形式外,大部分桥梁结构属于内力自平衡类型(下承式拱桥自平衡力系见图2-4)。但拱形梁结构中,上承式和部分中承式拱桥的拱脚存在水平推力,因此在设计顶升托换方案时,首先应考虑拱脚水平推力的平衡措施。处理方案有两种:一种是采用预应力钢绞线张拉力平衡水平推力形成内力自平衡体系(图2-5);另一种是在拱脚托换时设置限位装置平衡水平推力,如图1-24所示为某拱桥顶升工程中的托换结构。

图2-4 宁杭高速南河钢管拱桥顶升2.16m（自平衡力系）　　图2-5 柳州官塘大桥重达5885t的中拱段整体顶升（预应力索平衡水平推力）

(2)桥梁结构顶升竖向荷载计算。

顶升竖向荷载取桥梁结构实际自重与顶升辅助结构自重之和。该竖向荷载值是选择顶升千斤顶型号、数量配置的依据。常见顶升方式有两类,一类是仅顶升桥墩、支座上部桥体;另一类是从桥墩部位断墩顶升。仅顶升上部桥体时,桥梁结构实际自重包括桥面板与梁体(包括盖梁)、桥面铺装层、防撞墙、栏杆等构件的自重;断墩顶升时,桥梁结构实际自重还应增加切断高程以上部分的桥墩自重。顶升辅助结构自重是指上托盘结构的自重,通常包括分配梁和桥墩托换节点自重。

完成荷载统计后,建立结构受力模型,计算出各个墩台处所需顶升力。配置千斤顶时,通常在以上自重基础上取分项安全系数为1.3后作为顶升力设计值。

在进行下托盘结构及地基基础承载力验算时,还应考虑顶升支承系统的自重。

(3)桥梁结构顶升反力平台(下托盘结构)形式选择。

桥梁顶升工程中的顶升反力平台(下托盘结构)有四种形式(图2-6),即抱柱托换结构式;直接利用原桥台、承台或加大原承台,组合支承结构式;桩基抱柱托换,组合支承结构式;盖梁上设钢牛腿式。

a) 抱柱托换结构式(安徽鲁河中桥)

b) 加大原承台,组合支承结构式

c) 桩基抱柱托换,组合支承结构式

d) 盖梁上设钢牛腿式

图2-6 桥梁顶升反力平台的四种形式

一般情况下,在原桥墩上施工抱柱托换结构作为顶升反力平台(下托盘结构),对墩柱和原基础来说,承受的荷载组成基本不变,在无须加固条件下具备安全提供足够顶升反力的能力。而且,当桥面高程较大(桥墩较高)时,该形式能节省大量的钢支承、分配梁。因此,当抱柱梁能满足布置顶升千斤顶的条件,特别是墩柱较高时,抱柱托换结构式可以作为首选方案。

以下两种情况下不宜采用抱柱托换结构式作为顶升反力平台：①当桥梁自重较大、需要顶升千斤顶数量较多时。此时采用抱柱托换结构式所需托换结构体量较大。②当墩柱高度不大，且有基础承台时。此时通常直接利用原承台，或加大原承台或桩基承台，上部架设支承结构作为顶升反力平台。

当桥墩下部直接和桩基础连接、无承台时，采用桩基抱柱托换，组合支承结构式作为顶升反力平台。

在更换桥梁支座的小行程临时顶升工程中，多采用直接在盖梁或桥墩上部布置千斤顶，或在盖梁侧安装钢牛腿，钢牛腿上安装千斤顶的形式。

(4) 桥梁结构上托盘结构形式选择。

当桥梁有盖梁时（通常为简支梁桥），盖梁可直接作为上托盘结构；当盖梁尺寸不满足所有千斤顶布置空间要求时，可以在盖梁底部沿墩柱两侧设置纵桥向钢分配梁，再在其下设置横桥向钢分配梁，以满足顶升千斤顶的布置（用这种方式顶升时盖梁和部分墩柱需一起顶升，顶升前需切断墩柱）。

当桥梁为无盖梁桥时（通常为连续箱梁桥，但当顶升高度不大时简支梁桥也会采用），直接顶升箱梁底板存在局部受压或冲切不满足时，可在墩柱两侧沿桥梁纵、横向布置钢分配梁以满足顶升千斤顶的布置要求。桥梁顶升上托盘结构形式如图2-7所示。

a) 直接顶升盖梁

b) 盖梁、分配梁组合式

c) 分配梁式

图2-7　桥梁顶升上托盘结构形式

**2. 房屋建筑结构顶升托换方案制订**

(1) 房屋建筑结构的形式与顶升应用场景。

房屋建筑结构可分为砖混结构、砖木结构、钢筋混凝土框架结构、钢筋混凝土框架剪力墙结构、钢框架结构等形式。按层数可分为单层、多层（8层及以下）、高层（8层以上）结构。按用途可分为工业建筑、民用建筑、公共建筑、军事建筑等。另外，还有一些特殊建筑物，如碉堡、文物古迹、堤坝等。

房屋建筑结构的顶升应用在以下几种情况：①周边路面较高，室内地面较低，通过首层顶升来提高首层使用性能。②室内净空不满足使用功能，加大层高。③下部顶升加层。④房屋倾斜过大，采用整体顶升法纠偏。

(2) 房屋建筑托换结构的设计荷载。

设计房屋建筑托换结构时，根据托换结构性质选定不同的托换结构设计荷载依据。

对于增大层高的顶升工程、托换结构位于首层地坪高程以上的顶升托换工程，托换结构占用室内使用空间，顶升完成后需要拆除，属于临时托换结构，取统计的实际荷载值，乘1.3的分项安全系数作为托换结构荷载设计值。该荷载与托换结构自重之和即为顶升荷载设计值，是顶升设备选择的依据。

对于托换结构位于首层地坪高程以下的顶升纠偏工程或顶升增层工程，托换结构的高程位置选择通常和楼层高程一致，改造加固完成后托换结构作为结构的一部分保留，属于永久托换结构。此类工程托换结构取加固改造后服役期内的使用荷载设计值作为托换结构荷载设计值。顶升荷载设计值取值和临时托换结构相同。

由于绝大多数房屋建筑结构都是多层，柱的竖向荷载为上部各层分配到该柱的荷载之和，而每层梁原截面设计仅能承担本层荷载，因此，框架梁通常不能像桥梁顶升工程中的盖梁一样，单独作为托换底盘结构，往往需要另行施工柱托换结构。

框架结构中，墙体为非承重墙，不承担上部传来的荷载，因此墙体托换梁仅需承担本层墙体自重即可。砌体结构中，墙体为承重墙，墙体托换梁则需要考虑上部各层传递的竖向荷载。

(3) 房屋建筑顶升托换结构的形式。

根据不同结构形式、不同顶升目的，顶升上托换梁(托换结构)选用不同的形式。

首层无填充墙的框架结构，顶升时，可仅在柱下设柱托换节点即可，托换节点可采用钢筋混凝土结构，也可采用钢结构形式，如图2-8a)所示。柱托换节点常采用抱柱梁形式。采用这种托换形式时上部结构承担了所有顶升不同步带来的附加应力，因此应严格控制各点的同步性。

当采用顶升方法抬升框架结构时，可采用临时性格构钢架和柱托换节点共同组成顶升托换结构，如南京博物院老大殿(原文史馆)整体顶升3m工程，如图2-8b)所示。

对于绝大多数框架结构顶升工程，通常采用整体水平托盘形式，由柱托换节点、墙体托换梁和连梁组成。当该托盘的整体刚度较大时，能显著减小顶升不同步带来的柱间高程差，从而降低房屋顶升过程中的开裂风险。砌体结构无柱托换节点，所有墙体托换梁形成刚度很大的托盘结构。整体托盘结构如图2-8c)所示。

当剪力墙结构顶升时，由于剪力墙具有较大的整体刚度和承载能力，可直接利用剪力墙作为顶升托换底盘结构。具体操作方法有两种：一种是在墙体内掏矩形孔，布置顶升千斤顶；另一种是在墙体两侧安装钢牛腿，作为顶升施力点。当砌体结构有基础梁时，在基础梁下方掏空，布置千斤顶。这种情况如图2-8d)所示。

顶升纠偏工程中，也可采用锚杆静压桩同时顶升和进行地基加固，此时，锚杆锚固的基础底板为顶升托换底盘结构。如图2-8e)所示,锚杆静压桩是一种常用地基加固方法,但同时作为顶升纠偏手段时,需要所有锚杆桩同步加压,所需反力架较多,因此仅适用于小型建筑物顶升纠偏工程。

广义来说,局部结构的顶升,也可纳入结构顶升范畴,如钢网架的整体就位安装。由于钢网架结构自身具有足够的刚度,可采用自托换方式。如图2-8f)所示。

(4) 房屋建筑结构顶升反力平台。

房屋建筑结构顶升工程中,可直接对原基础进行改造加固作为顶升反力平台。当原基础承载力足够时,需要将上部局部改造成水平平台。改造过程中,新旧混凝土界面应凿毛或植筋,确保整体工作。

a) 仅柱托换节点

b) 顶升托换(南京博物院老大殿顶升工程)

c) 整体托盘结构(右为武当山遇真宫顶升工程)

d) 剪力墙自身作为托换结构

图 2-8

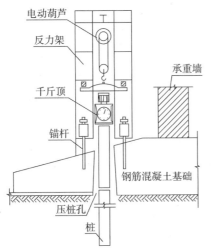

e) 锚杆静压桩

f) 钢网架提升吊装

图 2-8 结构顶升工程中的托换结构形式

(5) 房屋建筑结构新旧混凝土界面处理。

钢筋混凝土柱、墩的抱柱托换节点、承台加宽、基础加固结构中,均需要通过新旧混凝土界面传递荷载。而新旧混凝土界面抗剪性能影响因素众多,受力情况复杂。自20世纪60年代以来,国内外不同机构和学者通过大量研究,建立了不同形式的界面受剪强度计算公式,但由于研究的条件各不相同,计算结果差异很大。

《桥梁顶升移位改造技术规范》(GB/T 51256—2017)在工程实践经验和试验基础上提出了建议使用的有、无植筋的抱柱托换节点新旧混凝土界面受剪承载力计算公式,可参照执行。但需要特别注意的是,该公式对界面粗糙度没有给出明确要求,而界面粗糙度是界面受剪承载力的重要影响因素,因此在实际工程设计应用时,应给出明确的粗糙度要求。本书编者认为,根据经验建议,应保证新旧混凝土界面全截面凿毛,最大凹凸深度不应小于10mm,平均凹凸深度不宜小于6mm。此外,抱柱托换节点施工完成后,试顶升过程中,应对界面受剪承载力和界面滑移进行现场检验。

### 2.3.3 顶升方式与顶升设备体系配置

**1. 工程结构整体顶升的方式**

顶升动力施加通常选用千斤顶。实际工程中顶升千斤顶一次顶升的位移是有限的，一个顶升行程结束时，千斤顶回油前，应配备临时支承，确保上部结构安全。

目前主要有两种顶升方式：一种是交替顶升，这种方式的缺点是梁体等建筑物在交替顶升时承受不同的受力转换，增大了顶升过程中千斤顶出现失压故障引发的安全风险。另一种是设置一组随动千斤顶作为顶升过程中的临时支承，随动千斤顶同步跟随顶升千斤顶的顶升，当顶升千斤顶完成一个顶升行程收油时，随动千斤顶直接受力，这种方式的缺点是顶升速度较慢，但安全有保障，同时可减小由支承压缩引起的结构受力变化。

**2. 顶升机械设备配置**

早期，顶升工程多采用手动螺旋千斤顶施加顶升动力，随着相关技术成果的出现，目前工程中普遍采用 PLC 液压同步控制系统进行顶升工程配置。下面对其进行简单介绍。

顶升 PLC 液压同步控制系统主要包括液压顶升千斤顶、随动千斤顶（或临时支承垫块）、液压泵站、位移控制点等。

同工业与民用建筑相比，桥梁结构形式简单，但其单个墩柱的荷载较大。实际工程中，常选用额定荷载为 200t 的液压千斤顶。工业与民用建筑的楼房形式多样，顶升点处的竖向荷载往往相差很大，应根据具体结构选定千斤顶型号。对于建筑面积 $1000m^2$ 以下的房屋，统一采用手动螺旋千斤顶作为动力设备，其具有操作简单、成本低的优势，其型号和额定荷载根据实际情况选择。

PLC 液压同步控制系统中常用的液压泵站有 2 点式、4 点式。每个泵站控制点对应结构物的位移控制点，每个点可控制一个或一组集群顶升千斤顶；每个集群顶升千斤顶的数量是根据点控范围内所需顶升力设置的；每个位移控制点范围内的千斤顶顶升力需基本一致（误差越小越好）。

对 2 点式液压泵站而言，中央控制室可以通过控制软件，对该泵站对应的 2 个位移点进行位移和集群千斤顶液压控制，从而实现对力和位移的双同步控制。同理，4 点式液压泵站可以控制 4 个位移点及各控制点范围内的各集群千斤顶。当一个泵站控制点过多时，受供油量限制，出顶速度会慢。所以顶升工程中通常根据各顶升点顶升力差异、顶升面积等情况配置相应数量的液压泵站。

随动千斤顶（或临时支承垫块）是当顶升千斤顶达到一个设计行程时，起到临时支承的装置，其型号根据各单位的专利情况略有差别。但配置数量、位置、承载力通常与液压千斤顶匹配。千斤顶配置数量需确保千斤顶的实际使用荷载值相当于千斤顶的额定荷载乘不小于 1.5 的分项安全系数。

**3. 限位结构设计**

结构高程提升工程的实施方式有两种：一种是顶升方式。当结构高程提升不大时，常采用这种方式。这种方式也是结构高程提升工程中最常用的方式。另一种是提升方式。常用于高程提升较大的工程,如钢网架的提升[图2-8f)]、桥梁预制梁段提升安装就位工程(图2-5)等。

结构顶升工程中,顶升工作平台并非理想水平、下部支承或千斤顶存在垂直度偏差都会导致被顶升建筑物产生水平位移。对于顶升位移较小工程,水平偏差影响不大,常常忽略这种影响。但当顶升高度较大,多行程产生的累计水平位移较大时,墩柱和顶升支承处于偏心受力状态,将显著影响结构安全,甚至引发事故。因此,顶升工程中应进行纵横向限位设计。当采用提升方案时,施工过程中结构处于悬吊状态,顶部提升点位置不变,因此每次提升可以实现水平位移的自复位,如图2-8b)所示的南京博物院老大殿提升3m工程。

桥梁顶升特别是连续梁桥调坡顶升,对梁端面而言是个旋转过程,最高点处的梁端面旋转后梁端缝会变小,需切割调整;随着顶升高度增加,梁体投影缩短,对应的各墩柱与原支座位置也会有错位。因此,桥梁顶升工程中需要调整梁端缝和支座位置。为了避免顶升过程中的任意错位,通常选择一段桥梁端部通过纵桥向限位装置进行固定(图2-9),而其他支座处则采用可水平滑动的楔形可调支座(图2-10)调整纵桥向位置。

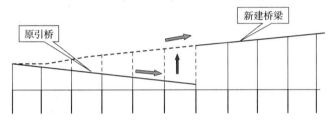

图 2-9 某高架引桥变坡顶升示意图(跨内投影先缩短后变长,左端设纵桥向限位装置)

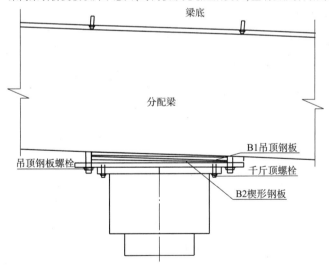

图 2-10 楔形可调顶升节点示意图

桥梁顶升工程中,桥梁的横向偏位容易导致下部顶升支承或桥面侧翻,同样严重影响结构安全,因此设置横桥向限位装置也是必要的。带盖梁的桥梁,通常盖梁两端自带横桥向限位装置(图2-11),但当桥面被顶升后,原有限位装置高度不足,可在原限位装置部位加高。一些顶升工程中,直接在箱梁底板上开洞,设置水平框架式横桥向限位装置,如图2-12所示。

图 2-11　桥梁盖梁端部限位装置

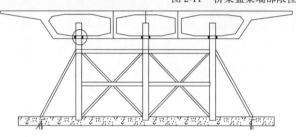 

图 2-12　水平框架式横桥向限位装置

验算纵横向限位装置承载力时,设计荷载一般按顶升力的 10% 计算。

### 2.3.4　关键施工环节

1. 托换结构施工

根据所选托换结构形式的不同,托换结构施工可分为钢结构加工安装、钢筋混凝土或预应力钢筋混凝土结构施工、后锚固结构施工等。

托换结构施工的核心环节是界面处理,包括新旧混凝土界面处理、混凝土结构表面与钢托换梁的连接、钢结构新增钢件的连接等。

若原结构为钢筋混凝土结构,新旧混凝土界面处理方式有两种:一是凿毛粗糙面连接方式;二是光面结构胶黏结方式。第一种方式通常需要钢筋连接共同受力。具体做法是在原混凝土表面凿毛的同时,凿出钢筋端头,与新加结构钢筋焊接、套筒连接,或植筋连接。施工前需按要求对原结构进行相应的凿毛、出筋、表面清理等。其中,凿毛凹凸深度是施工关键控制指标,应依据设计方案或相关规范严格把控。第二种方式通常需要植入锚栓或螺杆,施工技术要点及要求可参照现行规范中植筋技术的相关要求。

混凝土表面凿毛有多种方式,包括风钻凿毛、手持式凿毛机凿毛、凿毛车凿毛、高压水凿毛等(图 2-13)。

植锚施工中,结构胶的型号、质量,植筋孔尺寸,孔内洁净程度,注胶饱满度等都是重要指标。植筋、锚筋施工完成后,应根据现行技术标准进行拉拔试验,检验植筋、锚筋抗拉拔能力。

a) 风钻凿毛　　　　　　b) 手持式凿毛机凿毛

c) 凿毛车凿毛　　　　　　d) 高压水凿毛

图 2-13　混凝土表面凿毛方式

钢结构新增钢件的连接施工相对简单,焊接和螺栓连接参照现行钢结构施工规范即可。

2. 顶升设备的安装调试

顶升设备主要包括顶升千斤顶、随动(临时支承)千斤顶、钢支承及垫块、液压油路、泵站、位移控制器(拉线式、红外线式、光栅尺)、电力线路、信号控制线路、中央控制室等。

设备进场前应对千斤顶、液压泵站、传感器等进行校验、标定。

千斤顶及钢支承的安装是在上、下托盘结构施工安装完成后实施的。当顶升高度较小(不大于1m)时,通常千斤顶正放在支承结构上;每一个行程完成后,下部增设垫块需要将千斤顶取下。当顶升高度较大时,液压千斤顶一般采用倒置的方式安装在上托盘结构上,方便更换垫块。千斤顶安装方式参见图 2-14。

工程中常用垫块有钢垫块和混凝土垫块。钢垫块一般为厚度不同的钢板,或 10～20cm 厚、与钢支承同直径的钢筒加凸缘盘式;混凝土垫块则根据顶升荷载大小预制。

钢支承一般使用直径609mm、端部凸缘盘连接的钢管支承。市场上常见的钢管支承长度一般为 1～9m;专业单位会加工一些长度规格为 10cm、20cm、50cm 的钢支承用于顶升过程中与常用钢支承的倒用转换。垫块及钢支承形式如图 2-2i)～k)和图 2-14 所示。

a) 正放千斤顶与钢垫板　　　b) 倒装千斤顶与混凝土垫块　　　c) 倒装千斤顶与钢垫块

图 2-14　千斤顶安装方式与垫块形式

对于调坡工程,由于托换结构与千斤顶会出现坡度,常采用专用楔形钢板进行调整。当前,市场上可以定制加工各种楔形钢板,如图 2-15 所示。

图 2-15　市场上的各种楔形钢板

设备安装完成后,需对设备进行单点、多点指令动作测试,千斤顶加压测试等。加载时加载值一般不超过设计值的 80%;加载过程中对油路、千斤顶密封等情况进行检查,同步对上、下托盘结构的情况进行观察、检查。一切正常运转后,可加载至设计荷载的 80% 保压,进行下一步切割柱、墙等结构的施工。当设计有具体要求时,按设计相关要求加载。

3. 结构切割分离

柱、墙等结构切割后,断开原结构与下部的连接,将其建筑物荷载通过上托盘结构、千斤顶等传递至下托盘结构,完成结构力系的转换,转换完成即可进行顶升施工。

目前最常用的切割方法是采用金刚石线锯(绳锯)或盘锯进行静力切割,切割速度快,对结构影响小。特别是金刚石线锯切割方法,线锯通过导向轮可以延伸到空间非常狭小的位置进行切割。

(1) 静力切割工作原理。

液压金刚石绳锯切割法,是指利用金刚石绳索在液压马达带动下绕切割面高速运动研磨切割体,完成切割工作。其切割原理如图 2-16 所示。

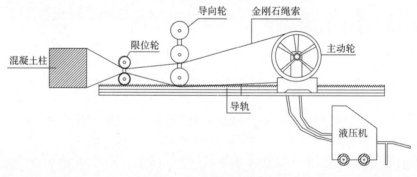

图 2-16　绳锯切割原理示意图

(2) 静力切割施工特点。

①由于采用金刚石作为研磨材料,钢材和混凝土均可切割。

②切割是在液压马达带动下进行的,液压泵运转平稳,且可通过高压油管远距离控制液压马达,所以切割过程中振动和噪声小。

③切割过程中高速运转的金刚石绳索采用水冷却,同时将研磨碎屑带走,产生的循环水可以收集重复利用。

④通过导向轮改变绳索切割方向,适用于各种形状和大小的物体在任意方向(如对角线方向、竖向、横向等)进行切割。

⑤液压金刚石绳锯切割速度快、功率大,切割效率高于其他类型切割方法。

(3)静力切割技术要点。

①绳索长度、导向轮的安装与主动驱动轮中的位置关系应合理设计,以满足切割要求。

②绳索切割线速度不低于25m/s。

③金刚石绳索的质量标准应满足切割过程中最大张拉强度的要求。

4. 试顶升与结构的称重

正式顶升施工前,应进行试顶升,通过试顶升可以及时发现顶升力均衡情况及各指标与设计值的差异,确定合理顶升力,检验液压油路、千斤顶密封情况,并根据具体情况及时进行相应的调整。试顶升时,千斤顶行程一般控制在1~3mm并保持一定的持荷时长。

结构设计计算与分析模型往往和实际情况存在一定的偏差,导致各顶升点下传的计算竖向荷载不准确,那么各点顶升力也是不准确的。在顶升过程中,各点顶升力的差值可能造成上部结构倾斜、开裂等风险。为了准确获取各点实际竖向荷载,实际工程施工中,可在顶升设备安装完成后,试顶升环节中,进行结构的现场称重。

称重的步骤为:

①墙柱与基础切割分离前,在所有柱、墙沉降观测点位置画等高线;

②启动顶升设备,加载到设计顶升力的80%;

③切割柱、墙,在各沉降观测点观测到不同沉降;

④逐点调整各顶升点顶升力与千斤顶给油量,直至所有原等高线重新等高。此时各点的顶升力即为较为精确的实际所需顶升力。

占地面积大、顶升点数量很多的顶升工程,全部精确称重难度较大。为确保安全,采用以下三方面措施后,称重过程可简化。措施一,增大上托盘结构刚度,由托换结构抵抗不均匀力的作用;措施二,无须准确调整所有顶升高程,仅在角点、中心、大跨度位置、楼板开设大洞口位置等处设置部分水准监测点,高程差满足沉降差要求即可;措施三,不出现明显的水平位移。措施三实际上包含了两个具体技术要求:一是顶升千斤顶和支承的垂直度满足要求;二是保证所有顶升力合力中心和上部结构竖向荷载中心基本重合。

5. 顶升施工与监测

根据试顶升测试得到的各项指标,开始正式顶升。

正式顶升时,通过中央控制室的指令逐级加载并控制同步位移。随着每个行程顶升到位,及时支设垫块,或随动千斤顶及时跟随。

对于房屋顶升纠偏总顶升量小(30cm以内)的可采用自锁千斤顶加垫块(垫块在原结构切断面之间)。按顶升高度及时更换不同厚度的垫块或钢支承。

顶升全过程中,应对结构姿态进行实时监测。监测发现异常后,及时组织专家分析原因,给出对策。问题处理过程中,往往需要暂停施工;应采取针对性措施以确保暂停施工期间的工程安全。

顶升到位后,顶升千斤顶、随动千斤顶均处于顶紧锁定状态以确保建筑物的安全。

6. 就位连接

就位连接的主要工作内容包括凿除混凝土露出钢筋端头、连接钢筋、浇筑混凝土。

凿除柱、墙混凝土是为了将主钢筋露出来以便进行上下钢筋连接(采用挤压套筒机械连接),因此在设计上、下托换结构时,需注意除满足布置顶升千斤顶构造尺寸要求外,须确保柱、墙(上部、下部)预留出不小于20cm的凿除混凝土高度(困难时一端可预留不小于10cm,另一端不小于20cm),以便安装钢筋的机械挤压连接套筒(按钢筋机械连接规程,A级机械连接不受同截面接头限制),或满足钢筋焊接搭接长度要求(单面焊接长度为10d,双面焊接长度为5d,d为钢筋直径)。

钢筋混凝土墩柱就位连接节点范围内,应加密设置箍筋;上柱下端应凿成尖头向下的锥形或楔形,以便于混凝土浇筑密实。

钢筋连接完成,柱、墙的上、下凿毛作业面清理干净后涂抹界面剂,并立模浇筑微膨胀混凝土,浇筑完成后及时养护。

养护到混凝土强度检测通过后,拆除顶升设备、模板,清理现场。

就位连接中,注意很多工程需要拆除临时托换结构。切割拆除过程中注意不能损坏原承重结构。常用方法是对托换结构进行静力切割,接近原结构表面时进行人工或机械凿毛,高强水泥砂浆找平。必要时连接区段外表面封闭粘贴纤维布进行局部加固。

## 2.4 顶升过程控制指标及操作和竣工验收要求

### 2.4.1 顶升控制指标

顶升过程中应将以下指标控制在允许范围内:顶升千斤顶液压力、各顶升点同步顶升竖向位移及同步位移差、纵向水平位移量、横向水平位移量、结构关键部位内力、结构变形等。

结构内力变化、结构变形均是由顶升位移不同步引起的,因此,顶升的同步性是顶升过程需控制的首要指标。这里的同步性包括位移同步和位移角同步两种情况,其中变坡顶升工程中需要控制的为位移角同步。

*1. 顶升力控制*

顶升设备安装就位后,设备调试按逐步加压至设计荷载的80%控制。设备调试完成后,在80%的设计荷载加压保压状态下,切割断开原结构。称重阶段,随着柱、墙逐渐被切断,上部结构各点下沉,导致不同点的实际支承力发生变化。如果相对沉降很小(1mm以内),则忽略微小差异,此时各点顶升力可作为加载顶升力的控制依据。若沉降差较大,则可使各点顶升力以5%设计顶升力为步长,逐级增加,即按85%、90%、95%分级加载,直到上部结构相对高程恢复到切割前状态,此时各点竖向荷载即为实际需要的顶升力。

切割断开后的试顶升过程是荷载、位移双控过程。除各点顶升力按称重结果控制外,给予1~2mm的位移指令,保持5~10min,观察设备、结构的状态,一切正常时,可以开始正式顶升。

*2. 顶升行程的同步控制*

顶升时,由于给油管路长度不同、液压泵站电动机转动效率存在差异等,在PLC液压同步控制系统的中央控制室给出位移指令后,各位移控制点的千斤顶液压力并不是瞬间同时达到指标的,所以位移指令可以按允许误差设定给予。如允许误差为2mm,则每次的位移指令给定值小于2mm,同时中央控制室可以通过控制软件根据控制界面所反映的各控制点情况及时调整各控制点的千斤顶液压力。已达该设定位移值的顶升点,千斤顶持荷保压;未达到的,及时补压,直至顶升位移差被控制在允许误差内。当各控制点位移均达到指令给定值时,再进行下一循环直至完成千斤顶的一个行程。与此同时,随动千斤顶或垫块及时跟随,确保顶升安全可控。

顶升过程中,顶升高度被分解成千斤顶的多个行程和多个位移指令两个层面,两者相结合完成顶升总高度控制。第一层面,将各控制点的顶升高度按线性比例分解成 $N$ 个行程,每个行程值略小于千斤顶额定行程。第二层面,为确保各个控制点线性同步移位,每个行程又通过 $M$ 个位移指令循环完成。每一个位移指令根据结构允许的顶升点间位移差确定。框架结构通常取 $L/1000$($L$为相邻柱距离),绝大多数工程为 3~8mm。桥梁的跨度较大,工程中通常取 10mm。现有 PLC 液压同步控制设备的控制精度可以达到 0.01mm,实际工程中,每个位移指令中的各控制点误差允许值通常为 0.01~0.1mm,该值直接决定了千斤顶自动循环调整的次数和频率。

3. 纵、横向水平位移偏差控制

在设计支承结构、限位装置时,业内常以顶升力的 1/100 作为水平荷载。但顶升过程中,按 1/100 的垂直度倾角进行控制则水平位移过大。因此一些业内专家提出,顶升工程中对水平偏移进行双控,取 1/100 侧移角和 20mm 两者中的较小值。❶

水平就位偏差限值和柱、墙垂直度应满足现行规范、质量检验验收标准要求。水平就位偏差限值通常为 10mm,垂直度控制在 1/1000 以内。

## 2.4.2 顶升工程具体操作要求

1. 上、下托盘结构施工

上、下托盘结构施工除应满足钢筋工程和混凝土工程施工的相关要求外,最重要的是要满足新旧混凝土界面和植锚钢筋的技术要求,具体施工要求包括以下几点:

(1)界面粗糙度不应低于设计要求;新混凝土浇筑前,旧混凝土表面应凿毛、冲净,保证无浮渣和松动块体。

(2)植筋深度不应低于设计要求;植筋工艺及技术要求符合现行国家技术标准;植筋胶使用前,应进行力学性能检测;植筋完成后,应进行拉拔试验。

(3)新加钢筋和原结构钢筋连接时,焊接和套筒连接的材料(焊条、套筒)经检验合格后方可使用,搭接连接长度应符合设计或有关规范要求。

(4)托盘结构完成后,结构切割分离前,可通过试顶抽检其承载力,试顶荷载可以取 1.2 倍的顶升力,观察有无开裂或位移过大现象。

2. 限位装置施工

(1)横桥向限位装置施工要求:横桥向限位装置连接在顶升工作平台或基础上,应检验

---

❶ 根据角度偏移,算出位移,然后取较小值。

连接是否牢固。限位装置和被顶升结构间的净距为水平位移偏差限值。当安装有复位千斤顶时,净距大于千斤顶未给油长度与水平位移偏差限值之和。

(2)纵桥向限位装置施工要求:可分为两种情况。对于桥梁整体同高度顶升,纵桥向限位和横桥向限位要求相同。对于变坡顶升,桥梁一端设置固定限位[图1-32a)],要求既要连接牢固,又要有一定的竖向转动能力。变坡顶升高度较大时,随梁体旋转,伸缩缝宽度可能不足,两侧端面会接触、挤压。遇到这种情况应预先进行局部凿除。两侧固定牛腿间可预留千斤顶安装空间,便于超限位移的调整。

3. 千斤顶、分配梁、钢支承的安装

(1)千斤顶:包括顶升千斤顶和随动千斤顶。需按方案要求的吨位配置,进场前进行标定;安装连接符合设计及相关标准要求;位置对中偏差不大于5mm;垂直度偏差不大于高度的1/100;锚栓等应连接牢固。

(2)分配梁:加工选材、尺寸、型号符合设计要求;安装位置准确、连接牢固。安装后检查局部受力情况,当发现加劲肋与集中力作用点位置不匹配时,应采取措施避免局部失稳。钢支承与下托盘结构连接牢固,垂直度符合设计、方案及规范标准要求。

(3)下部支承与垫块:支承立柱位置对中偏差不大于5mm,垂直度偏差不大于高度的1/100和20mm中的较小值;拉杆、斜向支撑等辅助构件位置正确,连接应牢固。垫块之间应有可靠连接,不允许在无任何拉结的自然叠加状态下顶升。

(4)整体顶升结构体系:抗水平力大小不应低于顶升力的1/100。安装完成后应满足整体稳定性要求,必要时增加拉杆或斜向支撑数量。

4. 液压泵站、油管路、位移传感器、PLC液压同步控制系统的安装

(1)液压泵站、油管路与千斤顶的连接:应检查所有阀、油管路及密封件的状况,连接完成后应检查进出油管连接是否正确,密封是否良好。

(2)位移传感器:监测系统连接完成后应进行信号测试。

(3)PLC液压同步控制系统:连接完成后,应进行液压泵站、千斤顶的单动、联运调试。

5. 试顶升调试

所有设备安装完成后,应对顶升系统进行试顶升调试。试顶升调试时,PLC液压同步控制系统发布指令,顶升千斤顶逐步加压到设计荷载的80%,并持荷保压2h,在此过程中检查千斤顶、油管路、液压泵站等工作状态,对存在的问题及时修正。

6. 正式顶升

顶升过程中,全过程进行结构姿态监测。重点监测顶升的同步性和水平位移情况。根据位移监测情况及时调整位移指令;有侧向位移时,及时调整顶升力、启动限位装置调整结构位置。

一个行程完成后,顶升千斤顶回油卸载时,被顶升结构逐渐转换为由随动千斤顶或支承垫块支承,此时应重点监测各点下沉位移是否异常。

每个行程中要求逐步及时更换钢支承,随着顶升高度的增加,及时增加钢支承的稳定连接件的安装数量。

**7. 就位连接**

顶升到位后,凿除原结构的柱、墙(钢筋混凝土结构)混凝土,露出钢筋,竖向钢筋外露长度应满足钢筋挤压套筒连接长度的要求。钢筋连接应符合钢筋机械挤压连接规范、规程标准。

钢筋连接完成后立模浇筑混凝土。为确保连接区段混凝土浇筑密实,上部构件底面宜凿成中间尖头向下的楔形或锥形。

原结构为砖混结构时,可采用砌砖或钢筋混凝土连接。上部接缝部位可通过填塞法保证密实。

连接用混凝土,宜采用微膨胀细石混凝土。

**8. 原结构恢复**

原结构的外装修、防水等按原标准恢复,或按设计要求恢复。

建筑工程中,管线由专门技术人员负责恢复。

### 2.4.3 竣工验收要求

顶升工程完成后,按现行规范、质量检验验收标准组织工程验收。

验收需要提供的资料应包括施工中材料合格证与质量检测报告,各工序质量控制与检测记录,顶升就位位置偏差测量数据,施工全过程实时监测报告,各实施阶段专家论证、评审材料等。

桥梁顶升验收按桥梁规范、标准执行。纵向主钢筋采用钢筋挤压套筒机械连接规程验收,混凝土按现行混凝土结构施工验收标准验收。梁位置、墩柱垂直度按桥梁设计规范或验收标准验收。

房屋建筑物顶升验收应按建筑工程规范、标准执行。钢筋满足抗震或现行加固设计规范要求,混凝土按现行混凝土结构施工验收标准执行。建筑物顶升后的就位偏差、裂缝、变形等要求,按现行建筑工程设计规范与施工验收标准执行。

## 2.5 桥梁顶升施工案例
——济南市北园大街快速路西延四标段桥梁顶升工程

### 2.5.1 工程概况

1. 工程背景

济南市地处鲁中山地的北缘,南依泰山,北临黄河,地势南高北低。南部为绵延起伏的山区,山势陡峻,深沟峡谷,绝对高程一般为40~90m;北部为冲积平原。

受地形条件限制,济南中心城区总体呈东西狭长布局,南北长12km、东西长97km。近年来,济南市交通饱和度高,路网密度严重不足,给经济发展和人民生活带来严重干扰。

2017年9月30日,济南市北园大街快速路西延建设工程经济南市发展和改革委员会批准正式立项。项目东起二环西路匡山立交,西至规划南北三号路,道路总长约5.6km,规划红线宽70~80m,同步对顺安路、南北一号路、齐鲁大道等道路进行改造。主要建设内容包括:新建高架快速路、地面快速路、地面道路及桥梁、立交工程,敷设雨污水管线,配套实施给水、燃气、电力、热力、电信、弱电、中水等管线土建工程,同步进行绿化、照明、交通设施、河道整治、人行过街及海绵城市设施等建设。项目总投资29.8亿元。全线均采用新建高架桥方式进行升级改造,高架桥横断面为双向六车道,桥面均宽25.5m。北园高架—工业北路高架建成后将成为济南市首条东西"大动脉",可有效缓解济南市主城区的交通拥堵问题。

2018年12月,项目正式开工。施工分为4个标段进行,工期均为450天。

工程位于黄河、小清河冲积平原,场地沿线地形较为平坦,孔口处自然地面高程为25.24~31.93m,高差为6.69m。

济南市北园大街快速路西延建设工程施工四标段,西起腊山河东路以东30m(桩号K3+350.05),东至纵支十六号路(桩号K5+584.18),道路总长2234.13m,高架桥长1991m。共分为32联,其中第1~31联为新建高架桥,第32联为匡山立交西上下桥通道,车流量较大,结构形式为120m曲线箱梁,计划整体变坡抬升为高架连接线。工程位置与现场平面布置如图2-17所示。

a) 工程位置图

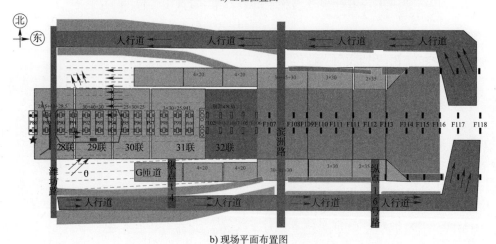

b) 现场平面布置图

图2-17 工程位置与现场平面布置图

2. 结构概况

需顶升桥段现场位置如图 2-18 所示。

图 2-18 顶升箱梁段位置现场照片

桥梁顶升断面尺寸如图 2-19 所示。

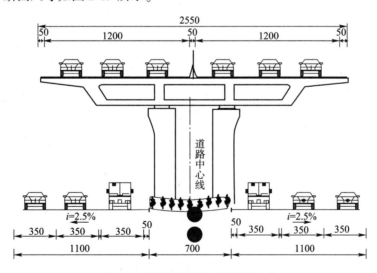

图 2-19 桥梁顶升断面(尺寸单位:cm)

3. 顶升改造要求

根据设计图纸,需要将第 32 联桥梁进行整体调坡顶升,桥跨布置为 $(30.049 + 3 \times 30)$m,曲线半径 $R = 2000$m,改造范围为 $102^\#$ 台~$106^\#$ 墩。此联最大顶升高度为 4.202m,具体改造要求如图 2-20 所示,顶升改造示意图如图 2-21 所示。各墩顶升高度见表 2-2。

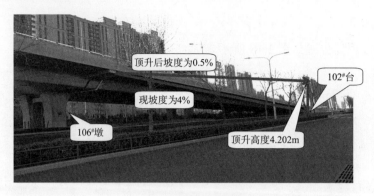

图 2-20 顶升桥形布置图

**顶升高度明细表** 表 2-2

| 墩台号 | 102#台 | 103#墩 | 104#墩 | 105#墩 | 106#墩 |
| --- | --- | --- | --- | --- | --- |
| 顶升高度(mm) | 4202 | 3117 | 2063 | 1009 | 0 |

## 2.5.2 方案编制总则

1. 编制依据

1)相关法律法规

(1)《中华人民共和国安全生产法》;

(2)《中华人民共和国道路交通安全法》;

(3)《中华人民共和国道路交通安全法实施条例》。

2)相关技术规范及政策文件

济南市交通工程质量安全监督局相关文件,原桥部分图纸、新建桥部分图纸、现场考察情况。相关技术规范及图纸如下:

(1)《桥梁顶升移位改造技术规范》(GB/T 51256—2017);

(2)《公路桥梁加固设计规范》(JTG/T J22—2008);

(3)《公路桥梁加固施工技术规范》(JTG/T J23—2008);

(4)《公路桥涵设计通用规范》(JTG D60—2015);

(5)《公路桥涵施工技术规范》❶(JTG/T F50—2011);

(6)《公路工程施工安全技术规范》(JTG F90—2015);

(7)《混凝土结构工程施工质量验收规范》(GB 50204—2015);

(8)《公路钢筋混凝土及预应力混凝土桥涵设计规范》(JTG 3362—2018);

(9)《公路钢结构桥梁设计规范》(JTG D64—2015);

(10)《公路桥涵地基与基础设计规范》❷(JTG D63—2007);

(11)《钢筋机械连接技术规程》(JGJ 107—2016);

---

❶ 工程施工时该标准未作废。
❷ 工程施工时该标准未作废。

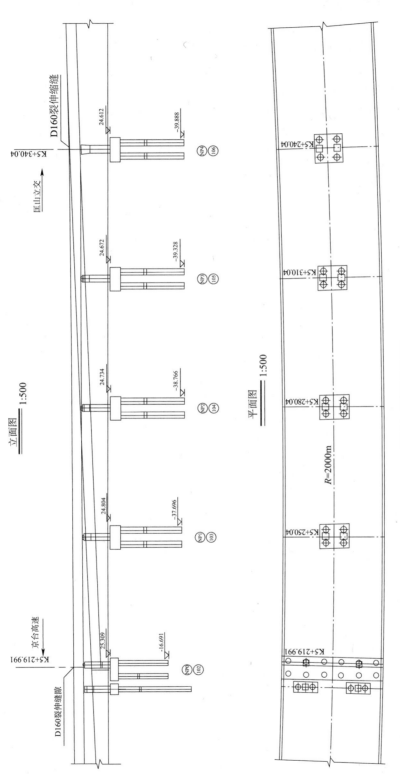

图2-21 顶升改造示意图

(12)《城市桥梁工程施工与质量验收规范》(CJJ 2—2008);
(13)《水泥基灌浆材料应用技术规范》(GB/T 50448—2015);
(14)《施工现场临时用电安全技术规范》(JGJ 46—2005);
(15)《路桥施工计算手册》(周水兴等编著,人民交通出版社出版);
(16)《建筑施工模板安全技术规范》(JGJ 162—2008);
(17)《建筑机械使用安全技术规程》(JGJ 33—2012);
(18)《建筑施工扣件式钢管脚手架安全技术规范》(JGJ 130—2011);
(19)《山东省公路水运危险性较大分部分项工程安全专项施工方案管理办法》;
(20)《山东省建设工程质量和安全生产管理条例》;
(21)《山东省交通建设工程质量监督实施细则》;
(22)《山东省安全生产条例》;
(23)《施工企业安全生产管理规范》(GB 50656—2011);
(24)济南市北园大街快速路西延建设工程施工图;
(25)施工过程中引用或参考的其他设计规范和施工技术规定。

2.编制目的

在"安全第一、预防为主、综合治理"的安全生产方针及相关法律法规指导下,确保项目整体实现安全可靠、技术先进、管理规范、质量优良、文明施工的总体目标,争创优质工程、精品工程。

针对施工全过程,实现对每个工程技术人员的科学指导和管理,使其熟悉工程原理与技术流程,了解技术要点并熟练掌握,确保每个工序、工种的高质量施工。

3.编制原则

(1)科学安排工期,减少不必要的施工投入;
(2)重视环境保护、扬尘控制及文明施工,严格控制弃渣、噪声、扬尘等污染;
(3)确保安全可靠,体现技术先进;
(4)成熟技术遵照国家现行的技术规范和标准,新技术做到有依据、有把握;
(5)充分发挥集团公司专业优势,做到依靠科技、精心组织、合理安排、综合考虑技术先进性和技术难度、工期、成本和社会效益,做到施工方案最优化;
(6)合理布置场地,尽量减少对交通的影响。

4.适用范围

此方案仅适用于济南市北园大街快速路西延建设工程四标段桥梁顶升工程施工。

### 2.5.3 顶升施工技术方案

1.总体施工方案

根据设计方案要求,本施工段首先对场地进行围挡封闭,然后进行绿化迁移、土方清理及硬化,使其满足顶升施工工作条件。

顶升总体施工方案分为上部箱梁桥面顶升和墩柱、桥台改造两步进行。分项方案如下:

(1)原基础承台加宽:箱梁顶升前,由于原基础承台宽度不足,需要先对其进行加宽改造。

(2)箱梁变坡顶升:改造施工完成后以106#墩为旋转点,采用PLC液压同步控制系统对梁体进行角速度一致的调坡顶升,当102#台(该墩设计顶升高度为4.202m)顶升高度达到设计高度后,顶升施工结束。

(3)墩柱、桥台改造:桥梁顶升结束后,对103#~105#墩进行墩顶切割凿除(凿除高度为1.75m),再对全桥进行墩柱连接和桥台改造。

(4)新支座安装:安装支座垫石及支座,支座安装完成后进行落梁工作。

具体施工步骤如下:

(1)确保施工场地平整,对原结构尺寸进行调查并与施工图进行核对,建立控制网,根据施工工艺确定顶升施工控制观测点;

(2)原桥承台基坑开挖;

(3)顶升基础施工:原桥墩承台顺桥向两边帮宽(桥台位置横桥向帮宽);

(4)墩柱位置顺桥向安装分配梁;

(5)安装顶升系统:墩柱与桥台位置布置顶升千斤顶、随动千斤顶、支承系统、监测系统、限位装置;

(6)顶升设备、系统调试;

(7)试顶升与称重,无异常则正式进行顶升;

(8)同步循环顶升至设计高程;

(9)顶升完成,锁定千斤顶;

(10)墩柱切割及原桥台新增墩柱范围内混凝土切割,凿出钢筋端部;

(11)墩柱连接及桥台新建墩柱;

(12)垫石施工、安装支座;

(13)待支座垫石及新建、接高墩柱混凝土达到设计强度,测量符合设计要求时,进行落梁;

(14)拆除顶升装置及支承系统。

2.施工准备工作

开工前认真做好如下准备工作:确定项目部成员,制订劳动力计划、设备调配及进场计划、材料供应计划、工程进度计划、钢构件加工计划,编制各专项施工方案、检验和验收所需的各种表格,如顶升前的结构检查结果、结构切割沉降监测结果、顶升力称重结果、顶升设备检查结果等表格,布置顶升监测点,监测仪器设备的标定与进场。特别需要提醒的是,桥梁顶升工程中应调查伸缩缝位置的梁缝宽度,考察能否满足顶升和顶升完成后伸缩缝安装要求。

1)人员、主要设备及材料进场计划

(1)人员。

保证本工程工期的第一要素就是人员的组织,要从全局出发,配足施工人数。在开工前,根据各施工段的工程量、各分部分项、工序环节等各个因素,提前安排好各技术和工种人数,尽早进场待用。在施工全过程中,做到机动灵活调度,有计划地安排和使用劳动力。要有劳动力储备计划,在人员不足时能及时增补人员进场,人员多余时有退路去向,不会造成窝工现象。劳动力具体组织要点如下:

①根据工程量、各工序作业天数,计划各工种人数。

②满足施工段内各分项工程施工技术、素质要求的各工种人数配置。

③按施工段组织工班,明确工班职责与负责人(班组长)。

④按照工序先后顺序和施工需要,分工种先后进场。

⑤各工种人数较多时组织分班,施工时可灵活机动,相互调用,保证每个施工工序人员合理配置。

⑥各工种人数视施工阶段的工程量增减进行机动调度。

⑦人事部门除人员配置计划外,还应做好人员进场和退场的具体工作安排,协同项目部做好进、退场路径的安全工作。

⑧建立健全施工计件和出勤制度与手续,制定多劳多得、创优奖励的有关措施,提高劳动效率。

本项目施工人员及管理人员配备分别参见表2-3和表2-4。

**顶升施工人员配备计划表** 表2-3

| 工种 | 4月 | 5月 | 6月 | 7月 | 8月 | 9月 | 10月 |
| --- | --- | --- | --- | --- | --- | --- | --- |
| 架子工(人) | 5 | 10 | 10 | 10 | 10 | 10 | 10 |
| 钢筋工(人) | 6 | 6 | 6 | 6 | 6 | 6 | 6 |
| 电焊工(人) | 4 | 4 | 4 | 6 | 6 | 4 | 4 |
| 普工(人) | 10 | 10 | 10 | 15 | 15 | 10 | 10 |
| 水电工(人) | 1 | 1 | 1 | 1 | 1 | 1 | 1 |
| 混凝土工(人) | 5 | 5 | 5 | 8 | 8 | 5 | 5 |
| 模板工(人) | 5 | 5 | 5 | 8 | 8 | 5 | 5 |
| 泵站操作工(人) | — | 5 | 5 | 5 | 5 | 4 | 4 |
| 控制系统操作人员(人) | — | 1 | 1 | 1 | 1 | — | — |
| 合计(人) | 36 | 47 | 47 | 60 | 60 | 45 | 45 |

**顶升施工管理人员配备表** 表2-4

| 岗位 | 数量 | 岗位 | 数量 |
| --- | --- | --- | --- |
| 顶升项目负责人(人) | 1 | 施工员(人) | 1 |
| 顶升项目技术负责人(人) | 1 | 技术员(人) | 1 |
| 安全员(人) | 1 | 液压操作员(人) | 1 |
| 质量员(人) | 1 | | |

(2)主要设备及材料进场计划。

影响本工程进度的主要顶升设备包括液压千斤顶、随动千斤顶、液压泵站、控制系统及顶升设备备品、备件(参见 2.2 节)。设备及材料配置和进场计划见表 2-5。

主要施工机械设备及材料进场计划表　　　　　　表 2-5

| 设备名称 | 规格、型号 | 单位 | 数量 | 计划进场日期 | 备注 |
|---|---|---|---|---|---|
| PLC 液压同步控制系统 | — | 套 | 1 | 2018 年 6 月 1 日 | |
| 顶升液压泵站 | SHP-F-2-1-3 | 台 | 4 | 2018 年 6 月 1 日 | 1 台备用 |
| PLC 随动支承同步控制系统 | — | 套 | 1 | 2018 年 6 月 1 日 | |
| 随动支承机构液压泵站 | SDP-6 | 台 | 5 | 2018 年 6 月 1 日 | 1 台备用 |
| 顶升千斤顶(行程 140mm) | TYZH-200 | 台 | 65 | 2018 年 5 月 25 日 | 2 台备用 |
| 顶升千斤顶(行程 30mm) | TYZH-100 | 台 | 20 | 2018 年 5 月 25 日 | 2 台备用 |
| 随动千斤顶(行程 140mm) | 250t | 台 | 44 | 2018 年 5 月 25 日 | 2 台备用 |
| 钢支承 | $\phi 609mm \times 16mm$ | m | 300 | 2018 年 5 月 20 日 | |
| 分配梁 | — | 根 | 16 | 2018 年 5 月 20 日 | |
| 限位装置 | 型钢 | 套 | 8 | 2018 年 5 月 20 日 | |
| 顶升系统加固 | 型钢 | t | 25 | 2018 年 5 月 20 日 | |
| 拉线式位移传感器 | 精度 0.01mm | 台 | 12 | 2018 年 6 月 1 日 | 2 台备用 |
| 挖掘机 | — | 辆 | 1 | 2018 年 5 月 15 日 | 现场租赁 |
| 叉车 | — | 辆 | 1 | 2018 年 5 月 15 日 | 现场租赁 |
| 施工车辆 | 皮卡/载货车 | 辆 | 2 | 2018 年 5 月 15 日 | |
| 各类电钻电锤 | 喜利得/博世 | 台 | 10 | 2018 年 5 月 15 日 | |
| 各类小型工具 | — | 台 | | 2018 年 5 月 15 日 | 按现场需求配置 |

2)技术准备

施工人员进场后立即开始进行技术准备工作,技术准备工作分为内业技术准备工作和外业技术准备工作。

(1)内业技术准备工作。

①认真阅读、复核施工图纸,就施工图纸中不明之处与设计单位沟通;

②组织学习公司编制的各项施工工艺标准、保证措施及关键工序的指导书;

③结合本工程特点,编写技术实施细则;

④对施工人员进行上岗前的安全技术培训。

(2)外业技术准备工作。

①调查各种工程材料的来源;

②对本工程使用的工程材料委托专业单位进行测试;

③组织人员确定监测点;

④施工过程中各种外部技术数据的搜集。

3)施工用水、用电

现场施工用水、用电由附近接入点接入,并配备 1 台 100kV·A 发电机。

4)施工测量

(1)测量标准。

平面控制网测量等级采用《公路桥涵施工技术规范》(JTG/T F50—2011)第 3 章中规定

的二等控制网要求。高程控制测量采用《公路桥涵施工技术规范》(JTG/T F50—2011)中规定的三等水准测量要求。工程施测前对总包单位提供的控制成果进行复核,复核的内容包括水准点闭合、导线方位角闭合、导线测量相对闭合,闭合复核合格并报送监理工程师签字确认后才能使用。

(2)成果复核。

对工程坐标、水准控制基点的复核由本公司技术负责人、测量员会同业主、设计、监理以及总包单位进行,在复核中若发现基点实测成果与提交的成果数据有差异并超过规范闭合值时,要及时将测设结果以书面形式报监理工程师,同时与总包单位联系,找出原因加以解决并再次复查。

(3)设置临时水准点、导线点。

基点复核确认准确无误后,才能进行施工临时布控点的工作,临时水准点、导线点的加密应设置在稳固地段和便于观测的位置,设置的临时水准点、导线点,必须经过复测复核合格并报现场监理工程师审批同意后方可使用。

5)桥梁监测

桥梁改造施工前委托有资质单位作为第三方,对桥梁现状进行施工前及过程监测。

3. 基础改造施工

1)桥墩基础改造施工

本工程中顶升质量较大,原桥墩承台平面面积不能满足顶升时安装顶升千斤顶及随动千斤顶的平面尺寸要求,因此需要对桥墩承台进行帮宽处理。承台沿顺桥向进行两侧帮宽,帮宽截面尺寸为:长×宽×高 = 5.6m×1.0m×2.5m。设计方案如图2-22所示。

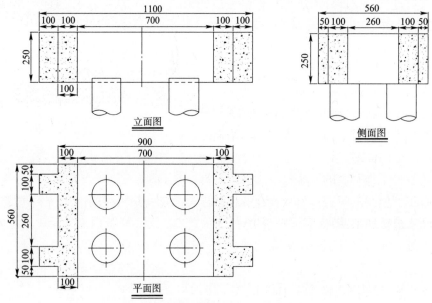

图2-22 桥墩承台帮宽示意图(尺寸单位:cm)

主要施工内容包括基坑开挖、承台植筋与绑扎钢筋、支模、帮宽混凝土浇筑、支承固定螺栓预埋、土方回填几个部分,具体技术要求如下。

(1) 基坑开挖。

根据原桥梁桩基布置图及桥墩承台帮宽设计图,对 103# ~ 105# 墩承台进行基坑开挖。按 1:0.5 的比例放坡开挖至承台底面,坑底在设计垫层四周预留 0.5m 工作宽度。103# ~ 105# 墩承台沿横桥向单侧需开挖 1.5m,沿顺桥向需开挖 6.6m。基坑开挖采用机械开挖,人工辅助清理基坑底浮土。

为方便工人上下基坑,放坡时人工修筑台阶或放置安全爬梯。坡顶 1~2m 范围内不得堆放材料、土方和其他重物以及停放或行驶较大的施工机械,挖出的土方及时运出场地。

基坑开挖完成之后做好施工围挡,施工围挡采用钢管栏杆,栏杆均采用 $\phi 48mm \times 3.5mm$ 的管材,用扣件固定。防护栏杆由三道横杆及栏杆柱组成,上横杆离地高度为 1.2m,下横杆离地高度为 0.3m,立杆总长度 1.7m,埋入地下 0.5m,立杆间距 2m。所有护栏用红白油漆刷上醒目的警示色,钢管红白油漆间距为 30cm,并悬挂提示标志,护栏周围悬挂"禁止翻越""当心坠落"等禁止、警告标志。

基坑内周边设置宽 20cm、深 30cm 排水沟,排水沟采用人工开挖,沟内用 20mm 厚 1:2 比例混合水泥砂浆抹面,落水管接入地面集水坑,采用 1 台抽水机抽水。

承台垫层铺设垫层混凝土,混凝土标号为 C15,垫层厚 10cm,人工捣固密实。

类似工程承台开挖如图 2-23 所示。

(2) 承台植筋与绑扎钢筋。

根据承台帮宽设计图纸,需在承台侧面植入 $\phi 25$ 钢筋,植入深度 100cm(50cm),单根长度 217cm(167cm),单个承台植筋总数为 222 根。在植筋之前需对承台侧面进行凿毛处理。凿毛凹凸深度约为 1cm,凿毛应全截面覆盖;凿毛后用高压水枪将凿毛面清洗干净。之后进行测量放线以确定植筋钻孔的位置。

植筋完成后,按照设计方案绑扎其他纵向钢筋和箍筋。

图 2-23 类似工程承台开挖

桥墩改造详图如图 2-22 所示。

(3) 支模。

帮宽钢筋工程经监理工程师验收合格后进行模板施工,模板采用 1.5cm 厚竹胶板,现场根据帮宽尺寸进行加工;模板要求平整度好,表面干净、光滑;模板四周采用方木及钢管进行固定。

(4) 帮宽混凝土浇筑。

承台混凝土使用商品混凝土,混凝土标号为 C40,用混凝土搅拌运输车运送至现场,汽车泵直接浇筑。混凝土坍落度应控制在 8~10cm,混凝土应一次浇筑成型,以避免混凝土冷茬的出现;混凝土浇筑从中间向两头推进并分层浇筑,每层厚度为 30cm,以保证模板受力均匀。浇筑过程中一定要加强振捣,避免漏振。现场要及时按要求制作标准养护和同养试块,并标明日期。

(5) M20 螺栓预埋。

在帮宽混凝土浇筑之前,需将连接 $\phi$609mm 钢支承的 M20 螺栓预埋入帮宽混凝土内。预埋深度为 25cm,单根长 50cm。现场需制作 M20 螺栓定位模板,模板采用竹胶板,现场制作 4 套,模板的开孔数量及开孔位置与 $\phi$609mm 钢支承的凸缘盘一致。预埋时将与 $\phi$609mm 钢支承对应的同等数量的螺杆穿入两套定位模板,一套用来确定其埋入深度,另一套用来固定埋入的具体位置。类似工程承台帮宽施工如图 2-24 所示。

a) 环墩加宽承台　　　　b) 顺墩加宽承台　　　　c) 绑扎钢筋、支模

图 2-24　类似工程承台帮宽施工

(6) 土方回填。

采用原开挖的土方进行回填压实,表面采用标号 C20 的混凝土硬化 20cm 厚,平整化处理。

2) 桥台改造施工

桥台(102#台)沿横桥向进行承台帮宽,帮宽截面尺寸为:长×宽×高 = 24m×0.6m×2.0m。根据 102# 桥台帮宽设计图纸,需在承台侧面植入 $\phi$25 钢筋,上部悬挑受拉区和下部受压区植入深度分别为 100cm 和 50cm,单根钢筋长度分别为 177cm 和 127cm,单个桥台植筋总数为 477 根。桥台改造详图见图 2-25。

(1) 桥台帮宽土方开挖。

桥台处采用小型机械进行开挖,开挖位置沿横桥向单侧需开挖 16m,沿顺桥向需开挖 1.1m,考虑桥梁顶升后续工序所需的工作空间,开挖宽度为 2m。

(2) 新旧混凝土界面处理与植筋。

桥台帮宽施工时首先需要对新旧混凝土界面进行凿毛,然后进行植筋施工,植筋完成后进行钢筋、模板施工,最后进行混凝土浇筑及养护。凿毛和植筋要求同承台帮宽,养护时间不少于 7d。

(3) 106# 墩箱梁端部切割。

在调坡顶升过程中,总长 120m 的箱梁绕 106# 墩的顶升千斤顶活塞头部转动,同时 106# 墩箱梁横断面也绕着该转轴逆时针转动,106# 墩的伸缩缝宽度也随之逐渐变小,可能会引起碰撞或后期不满足伸缩缝功能要求。

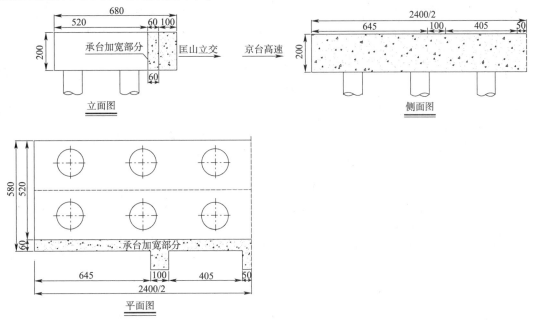

图 2-25　桥台改造详图(尺寸单位:cm)

根据计算结果,箱梁顶升到位后,106#墩的伸缩缝宽度缩小 8.05cm。为保证伸缩缝就位后具有足够宽度,能够正常发挥作用,顶升前对箱梁端部进行静力切割。由于箱梁端部为箱梁纵向预应力束锚固区,为了避免损伤预应力束及锚具,采用对伸缩缝两侧的箱梁对称切割的方案,每侧切割宽度为 4.03cm,均在锚固端保护层厚度范围内。为避免切割后的外露钢筋锈蚀,可在切割面上喷涂防锈材料。同类工程切割如图 2-26 所示。

切割具体施工步骤如下:

①前期准备:封闭施工现场,伸缩缝位置切割时在桥下做好防护设施,周围设置围挡,设置好安全警示标志,严禁工人随意走动。

②依据施工图,在梁体伸缩缝位置、中间防撞墙及两侧防撞隔离墩上标示切割线。

③设备及工作人员到位,保证机具处于良好状态,并备好符合标准的电源和水源。

④在梁体翼缘板的位置用水钻打孔,用于穿切割绳锯及吊装时穿吊装钢丝绳。

图 2-26　局部梁段切割

⑤安装切割拆除设备进行切割施工。

⑥切割时先将伸缩缝位置两端的防撞墙切除 20cm 并做好护栏内管线保护与迁改,然后吊装运出现场。

⑦伸缩缝位置梁体切割时,由于梁体顶面宽 24m,伸缩缝宽度有限,切割后整体吊装有一定困难,所以采用先切割半幅,然后进行吊装外运的方法。

⑧金刚石绳锯在切割过程中,根据被切割块的质量,应先用满足起吊能力的钢丝绳穿过吊装孔把被切割块牢牢地固定在吊钩上,并用汽车式起重机吊住被切割块;当完全切断被切割块时,吊车吊住被切割块,移送到指定位置集中处理。

### 2.5.4 顶升支承系统布置与箱梁顶升施工

1. 布置方案比选与确定

根据原桥竣工图,103#~105#墩柱顶升支承布置有三种备选方案,各方案做法及优缺点对比列入表2-6中。

三种顶升支承布置方案　　　　　表2-6

| 编号 | 做法 | 优点 | 缺点 |
| --- | --- | --- | --- |
| 一 | 每墩柱前、后(纵桥向)两侧承台上各布置一排钢支承,作为顶升千斤顶的支承;墩柱顶面布置随动千斤顶支承 | 减少了随动千斤顶支承的数量,成本低 | 随动千斤顶支承全部安装在墩柱顶面时,受墩柱顶面面积较小限制,布置困难,需对墩柱顶面进行改造,且该位置支承安装与调换困难 |
| 二 | 墩柱前、后(纵桥向)两侧各布置两排钢支承,其中靠近墩柱的内侧两排布置顶升千斤顶支承,外面两排布置随动千斤顶支承 | 无须对原承台进行加宽,也不必对墩柱进行改造,所有支承都布置在原承台之上,前期准备工作少,有利于工期控制 | 靠近墩柱的内侧钢支承不方便安装与更换,外侧随动千斤顶顶升位置为空心箱梁的箱室部位,梁体局部受力不满足要求,需加固 |
| 三 | 承台帮宽,钢支承纵桥向成列布置,每个墩柱横向两侧各布置一列,墩柱中心位置布置3列,顶升千斤顶和随动千斤顶在同一列钢支承上间隔布置 | 受力明确,左右顶升点靠近原支座的位置,利于保证梁体结构安全,且顶升过程中支承更换方便,多排支承连接成整体后,支承体系稳定性高 | 分配梁安装较困难 |

综合上述优缺点进行分析,选择第三种方案。

2. 顶升支承系统构造

顶升支承系统由支承立柱、钢抱箍(提高支承体系整体性)、连系杆(斜向支撑或拉杆,提高支承体系稳定性)等组成,下部和基础承台等构件连接,上部和顶升分配梁(避免梁体顶升部位局部受力过大而损伤)、顶升千斤顶和随动千斤顶等设备连接,参见图2-27。

顶升支承立柱采用$\phi$609mm×16mm(壁厚)钢管,钢管上下两端焊接厚度为12mm的凸缘盘[带三角加劲肋凸缘盘,见图2-27b)]。每根钢支承下部通过植入M20螺栓与原承台连接。

钢管按以下原则进行布置:初始节根据现有桥梁净空高度采用较长钢支承,结合现有材料可以为6m、5m、4m、3m、2m、1m。顶升段采用1m段作为顶升节,高度方向不超过2.5m设一道水平支承,上下水平支承之间设V支撑或X斜向支撑。连系杆与$\phi$609mm钢支承之间通过钢抱箍连接。

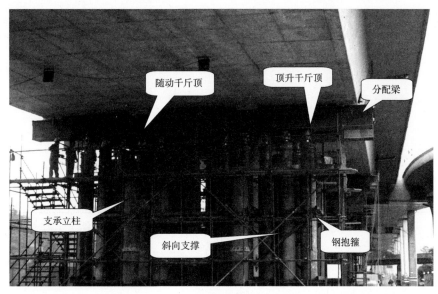

b) 支承立柱

c) 钢抱箍和斜向支撑

图 2-27  顶升支承系统组成

## 3. 顶升支承系统安装

(1) 钢支承安装工艺流程。

钢支承安装工艺流程如图 2-28 所示。

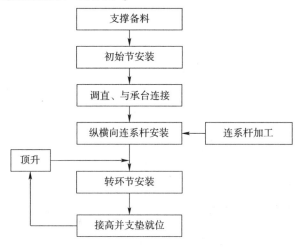

图 2-28  钢支承安装工艺流程图

(2) 钢支承安装工艺。

钢支承采用机械配合人工进行安装。

钢支承与原墩身间隙不小于30cm,垂直度偏差不超过0.5%,平面位置纵横向偏差不超过20mm。

在调整钢支承垂直度时,先在其底部用薄厚不一的小钢板进行调整。当垂直度达到要求后,用灌浆料填实钢支承底部凸缘盘与承台间的缝隙。钢支承底部凸缘盘通过植入M20预埋螺栓与承台帮宽混凝土连接,螺栓预埋深度不小于25cm。中间钢支承在相应位置通过钻孔植筋的方式与原承台连接,钻孔直径为25mm,深度不小于30cm。

为使钢支承体系具有良好的整体稳定性,各钢管支承之间应进行拉结。在初始节安装完毕后,在高度方向上间距不大于2.5m的位置设一道水平支承,上下水平支承两面之间设V支撑或X斜向支撑。水平支承采用120mm×80mm×4mm的矩形管或100号槽钢,V支撑采用100mm×60mm×4mm的矩形管或边长不小于50mm的等边角钢;水平支承、斜向支撑与$\phi$609mm钢支承之间通过钢抱箍连接[图2-27c)]。

(3) 钢支承施工注意事项。

根据钢支承使用计划,不仅要确定每种规格的支承所需的数量,还要确定每个桥墩所需支承的规格和数量,并考虑一定的数量储备。

钢支承进场后要由材料员和质量员进行检查验收,存在质量缺陷并可能影响顶升安全的钢支承一律不得使用。

钢支承安装前对安装基础进行找平,平整度控制在2mm以内。

钢支承采用机械配合人工安装,安装过程中要有专人指挥。

钢支承安装完毕要对其位置、垂直度、与基础间的密贴程度进行验收。验收合格要进行标示,验收不合格不得进入下道工序。

类似工程钢支承分步安装如图2-29所示。

a) 钢支承立柱底部处理　　b) 钢支承底节安装完成　　c) 钢支承拼装完成

图2-29　类似工程钢支承分步安装

4. 专用垫块

专用垫块用在千斤顶与顶升支承系统之间。专用垫块与顶升托架体系的钢管相对应,采用$\phi$500mm×12mm(壁厚)的钢管,两端焊接厚度为12mm的凸缘盘。为避免在顶升过程中支承失稳,专用垫块之间采用螺栓连接。专用垫块实物如图2-30所示。

a) 高度20cm垫块

b) 高度10cm垫块

图 2-30 专用垫块实物

为适应千斤顶行程，专用垫块高度有 10cm、20cm、50cm 三种。

支承结构之间必须连接牢固。具体连接方式为：专用垫块之间采用栓接，支承体系与承台之间采用栓接，支承体系与专用垫块之间采用转换垫块栓接，钢管支承之间采用钢抱箍及方管焊接。

5. 脚手架搭设

本工程顶升施工搭设钢管脚手架作为施工人员操作平台，脚手架采用双排脚手架钢管立杆，纵距 1.8m，步距 1.8m，立杆横距 1.5m，立杆底部设置垫板。立杆与横杆采用直角扣件连接。立杆接头交错布置，两个相邻立柱接头避免出现在同步同跨内，并且在高度方向上至少错开 50cm，立杆在顶部搭接时，采用接扣连接。横杆采用对接扣件连接，接头交错布置，相邻接头水平距离不小于 50cm。纵向扫地杆采用直角扣件固定在距离底座不大于 20cm 的立杆上，横向扫地杆则用直角扣件固定在紧靠纵向扫地杆下方的立柱上。脚手架剪刀撑随立杆、纵横向水平杆同步搭设，剪刀撑的斜杆采用对接扣件进行接长，搭接长度不小于 100cm。

作业层脚手板应铺满、铺稳，铺设在不少于三根的横向水平杆上，可采用对接平铺或者搭接铺设。对接平铺时接头处必须设置两根横向水平杆，搭接铺设时接头必须支在横向水平杆上。

脚手架搭设方案应进行稳定性验算。该脚手架平台主要作为顶升施工时作业人员操作平台，因此该平台的主要荷载为施工人员荷载以及临时放置在平台上的转换垫块。

6. 纵横向限位装置

1) 106#墩纵向限位装置

由于桥梁调坡顶升，梁体的水平投影会变长，同时梁体温度变化也引起梁长的变化，顶升支承和千斤顶安装误差也会在顶升过程中产生水平力。为保证梁体的正常姿态和位置，从而保证顶升系统的安全及梁体的结构安全，需要在伸缩缝位置，即 106#墩位置设置纵向限位装置。工程纵向限位装置参见图 1-32a）。

在调坡顶升、梁体旋转过程中，伸缩缝宽度会随着坡度的变化而减小。为控制伸缩缝宽度变化速度，在纵向限位装置处的锚固块内增设千斤顶。在梁体顶升过程中千斤顶会随着顶升高度的变化而减压，从而控制梁体伸缩缝宽度的变化速度。纵向限位装置下部通过植筋的方式与箱梁固定。安装时水平方向设置为与顺桥向成30°的夹角,在该点兼具横向限位功能,并能适应梁体的转动。

在106#墩桥面伸缩缝位置设置8组桥面限位装置,两个钢牛腿通过对拉螺栓连接为一组,顶升过程中可通过调节对拉螺栓调整伸缩缝大小。

2)桥梁横向限位装置

横向限位装置构造参见图2-12。

具体施工内容和步骤如下:

梁体下侧限位装置放线定位完成后,首先在被顶升桥梁底面开洞,洞数量、大小根据限位柱数量、尺寸确定。随后施工限位基础。限位基础梁的梁端设置抗拔锚杆桩,基础内预埋H488型钢作为限位柱,上部伸入预开设洞口内。洞口采用混凝土修补成矩形;型钢翼缘板方向与纵桥向平行。限位型钢与梁体横桥向预留1cm间隙,顺桥向预留15cm间隙。限位型钢之间使用H300型钢及槽钢进行拉结加固。

在顶升施工过程中,随着梁体的升高,在限位装置H488型钢下侧将其切割,切割后采用螺旋顶升限位装置,然后在下部切割位置安装新的型钢与上下切割面焊接并在接口敷设4块钢板。

在洞口内部型钢侧面可增加液压千斤顶,并安装压力表。可在顶升过程中准确地反映桥梁横向偏移压力值,根据压力值可计算出横向力。在梁体向一侧偏移时,可利用液压千斤顶进行加压,防止梁体横向移动。

7. 顶升系统安装与调试

1)分配梁

分配梁固定在箱梁底部,位于箱梁与千斤顶之间,分配梁直接承担上部结构重量,并将力传递给千斤顶。因此,分配梁要求有足够的刚度、强度及稳定性,保证在梁体顶升过程中不发生变形。同时,在顶升过程中,被顶升梁体有纵向位移,分配梁将随梁体同步移动,但是千斤顶和下部钢管支承结构位置固定,不产生水平位移,这导致千斤顶与分配梁发生相对移动,设计施工中需要考虑偏心受压、局部失稳等工况的安全性。分配梁安装如图2-31所示。

a)桥墩分配梁、千斤顶安装

b)桥台分配梁、千斤顶安装

图2-31 桥梁顶升工程中分配梁安装

本工程采用两腹板式分配梁,梁宽800mm,梁高528mm,梁长分别为6m和16m两种。桥台位置分配梁横桥向安装,其他墩柱分配梁顺桥向安装。

分配梁安装步骤为:①分配梁制作;②使用挖机进行分配梁安装;③分配梁临时固定并调平;④分配梁与梁底腹板位置受力点处理;⑤分配梁与梁体固定连接。

分配梁安装过程中应注意以下事项:①分配梁受力点位置要进行加强;②安装千斤顶的位置要满足能够调整千斤顶位置和角度的条件,以保证在顶升过程中千斤顶的垂直度和位置变化不大;③顶升分配梁顺桥向安装,因此需要在箱梁实心段与分配梁之间设置调平垫块,调平垫块采用高强灌浆料压注而成,以保证分配梁与腹板的受力面积足够大。

2)千斤顶布置及安装

(1)千斤顶的型号选择。

千斤顶的选用和钢支承的尺寸、上部梁体质量、顶升高度、现场安装条件等有关。

桥梁调坡顶升工程中的千斤顶选用带球头可转动的液压千斤顶,顶部球头转角最大可达±5°,如图2-32所示。顶升时随着坡度的变化,液压千斤顶与上部结构物由垂直变成不垂直,此时千斤顶顶部的球头随着上部结构坡度的变化自动调整。采用带球头的千斤顶解决了顶升过程中由坡度变化引起的千斤顶与上部结构不垂直使结构产生局部应力的问题。此种装置是调坡顶升的关键装置之一。

本工程采用2种规格的顶升千斤顶:①额定荷载200t千斤顶,本体高度360mm,底座直径275mm,行程140mm;②额定荷载100t千斤顶,本体高度150mm,底座直径220mm,行程30mm。其中行程30mm的千斤顶用于106#旋转桥墩位置。

为避免顶升过程因顶升系统液压失调带来的隐患,业内研发了具有自主知识产权的同步顶升跟随系统,该系统由液压驱动,机械支承,可以做到同步无间隙跟随,如图2-33所示。早期的机械随动装置带动螺旋的动力很小,在随动顶升时,机械螺杆与垫块轻压接触。垫块之间不可避免存在加工精度导致的压缩间隙,多个垫块累积可达几到十几毫米不等。当顶升千斤顶回油,将上部荷载转移到机械随动装置上时,压缩间隙导致随动装置受力很不均匀,不仅影响随动支承体系稳定性,而且影响随动千斤顶寿命。要消除压缩间隙,需要随动装置预先加载,该系统的机械随动装置正是为此而设计的。它的工作原理如下:在螺杆内增加了一个油缸,利用2.5MPa的低压油源带动油马达驱动螺母,使螺母紧靠油缸。通过随动阀给螺杆的油缸加压使机械随动装置以近10t的压力紧压在垫块上,消除了垫块的压缩间隙,保持机械随动装置与顶升油缸之间无间隙同步。

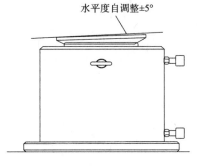

图2-32 千斤顶可调球头

图2-33 随动千斤顶实物图

本工程中的随动千斤顶选用额定荷载250t千斤顶,本体高度372mm,底座直径400mm,行程为140mm。

(2)千斤顶配置。

各墩台的千斤顶配置如表2-7所示,各墩台顶升千斤顶的安全系数均在1.6以上。

**各墩台千斤顶配置表**　　　　　　　　　　　　　表2-7

| 墩台号 | 上部结构重量(kN) | 千斤顶行程(mm) | 配置千斤顶数量(个) |
| --- | --- | --- | --- |
| 106#墩 | 11000 | 30 | 18 |
| 105#墩 | 18500 | 140 | 18 |
| 104#墩 | 17500 | 140 | 18 |
| 103#墩 | 22000 | 140 | 18 |
| 102#台 | 11000 | 140 | 9 |

(3)千斤顶的标定和检查。

本工程所使用的液压千斤顶在进场施工前应进行标定,标定检查合格后再进场使用,千斤顶进场后应将标定证书上报。

使用前应对千斤顶进行系统检查,检查内容如下:

①千斤顶是否工作正常,其油缸有无拉毛或刮伤现象;

②油缸密封圈有无老化或受损现象;

③千斤顶加卸荷是否平稳,有无波动、冲击、颤动现象;

④检查合格后,千斤顶进行加载然后锁定千斤顶,观察有无渗漏现象;

⑤千斤顶在空载时有无突进等不正常现象。

(4)千斤顶安装。

顶升工程中,千斤顶为倒置安装,这样可减少每个行程完成后,支承加高时拆装千斤顶的工作量。在分配梁与吊顶钢板之间按照需要调整的坡度填塞楔形钢板,保证吊顶钢板水平。楔形钢板下部设有一块带有条形槽孔的水平吊顶钢板,千斤顶通过穿入条形槽孔的螺栓与水平吊顶钢板相连。设置条形槽孔的目的是保证千斤顶和吊顶钢板之间能够滑动。因为本工程为调坡顶升,在顶升过程中梁体会随着顶升高度的增加而产生水平位移,因此每顶升一定的高度后,需将分配梁与吊顶钢板之间的楔形钢板按照要求抽出,并将千斤顶移动至与钢支承中心重合的位置,保持吊顶钢板水平且千斤顶与钢支承垂直。

具体安装步骤:首先,在千斤顶对应梁底位置用电锤钻4个φ18mm、深度10cm的孔且4个孔分布呈正方形,孔间距76cm;然后,在孔内固定φ16mm膨胀螺栓,利用膨胀螺栓固定750mm×750mm×16mm的钢板,安装前在钢板与梁底涂抹纯水泥浆的界面剂;最后,在固定后的钢板上焊接螺杆,安装吊顶钢板、楔形钢板及顶升千斤顶。

调坡顶升工程中,吊顶钢板应选用可调整位置的随动钢板(图2-34)。

将吊顶钢板螺栓孔沿桥长方向设成条形槽孔,顶升过程中可根据需要前后调整千斤顶的位置。条形槽孔长度应满足最大水平位移量的调整要求。

本工程各桥墩调坡顶升水平位移量如表2-8所示。在将箱梁顶升至水平位置时,102#桥台支点位置纵向位移最大,为94.4mm,考虑螺栓直径和预留长度不小于20mm,本工程随动钢板滑槽长度不小于150mm,实际选用250mm。

桥墩位置水平位移量　　　　　　　　　表2-8

| 序号 | 106# | 105# | 104# | 103# | 102# |
|---|---|---|---|---|---|
| 伸长量(mm) | 0 | 23.6 | 47.2 | 70.8 | 94.4 |

3)顶升控制系统布置

(1)监控点布置与仪器选择。

全桥共布置10个顶升监控点。每个桥墩各布置2个监控点,沿横桥向左右对称;每组千斤顶中心位置与梁底板间设置1个控制点。

每个监控点均设一台拉线式位移传感器,精度为0.01mm,量程为1000mm。位移传感器与中央控制器相连形成位移的闭环控制,各点位移同步精度控制在2mm以内。拉线式位移传感器上侧固定在梁体上,下侧固定在原墩台上,通过信号线将位移量传递到控制电脑上。类似工程位移传感器安装如图2-35所示。

图2-34 吊顶随动钢板及滑槽

图2-35 类似工程位置传感器安装

(2)顶升泵站布置。

顶升泵站布置及具体分组如下:

顶升泵站布置:106#墩有两个控制点,106#墩位置布置1台2个位移控制点泵站,105#~104#墩位置布置1台4个位移控制点泵站,103#墩~102#台布置1台4个位移控制点泵站。全桥共布置3台顶升泵站。所有顶升泵站通过数据总线由一套控制系统控制。

全桥每个桥墩(台)布置1台随动顶升泵站,全幅共布置5台顶升泵站,各顶升泵站独立工作。

4)顶升系统功能可靠性检验

顶升系统功能可靠性检验见表2-9。

顶升系统功能可靠性检验表　　　　　　　　　表2-9

| 序号 | 检验项目 | 检验方法 |
|---|---|---|
| 1 | 元件的可靠性检验 | 正式实施顶升前,以70%~90%的顶升力在现场保压5h,确认密封的可靠性 |
| 2 | 液压油的清洁度 | 连接软管进行严格冲洗,封口后移至现场,现场安装完毕后进行空载运行,以排除现场装配过程中可能意外混入的污垢。系统的清洁度应达到NAS9级 |

续上表

| 序号 | 检验项目 | 检验方法 |
|---|---|---|
| 3 | 液压系统的可靠性 | 运抵现场前进行24h 63MPa满荷载试验、0~63MPa循环试验,检查是否无故障、无泄漏 |
| 4 | 顶升力闭环稳定性 | 力闭环是指当系统设定好一定的力后,将力的误差控制在5%内;当力的误差超过此范围时,系统自动调整到设定值的范围。力闭环稳定性的调试至少4点加压,逐台检验 |
| 5 | 位置闭环的稳定性 | 应采用试顶升方式进行检验,试顶升高度不超过10mm |

5)顶升系统结构安全检查

顶升系统结构安全检查内容见表2-10。

顶升系统结构安全检查表　　　　表2-10

| 分项 | 序号 | 检查内容 |
|---|---|---|
| 连接系统 | 1 | 千斤顶安装是否垂直牢固 |
| | 2 | 顶升支架安装是否牢固 |
| | 3 | 限位装置安装是否牢固,限位值设置是否符合要求 |
| | 4 | 影响顶升的设施是否已全部拆除 |
| | 5 | 主体结构与其他结构的连接是否已全部去除 |
| 油泵系统 | 1 | 油缸安装是否牢固、正确 |
| | 2 | 泵站与油缸之间的油管连接是否正确、可靠 |
| | 3 | 油箱液面是否达到规定高度 |
| | 4 | 是否备用2桶液压油,加油是否经过滤油机 |
| | 5 | 液压系统运行是否正常,油路有无堵塞或泄漏 |
| | 6 | 液压油是否需要通过空载运行过滤清洁 |
| 监控系统 | 1 | 各路电源,其接线、容量和安全性是否符合规定 |
| | 2 | 控制装置接线、安装是否正确无误 |
| | 3 | 数据通信线路是否正确无误 |
| | 4 | 控制系统运行是否正常,液压系统对控制指令反应是否灵敏 |
| | 5 | 各传感器系统的信号是否正常传输 |
| | 6 | 系统能否升降自如 |
| | 7 | 拉线式位移传感器的工作情况是否正常 |
| | 8 | 各种阀门的工作状况是否正常,是否需要更换 |
| | 9 | 监测系统是否正常 |
| | 10 | 信号传输是否无误 |

6)顶升系统调试

顶升系统初始加载方案由设计方、液压专家、桥梁工程师共同确定并报送至总指挥,最终由系统操作员输入PLC液压同步控制系统,读取控制系统力传感器和位移传感器初值或将其归零。

(1)保压试验。

保压试验中应注意以下几点:①油缸、油管、泵站操纵台、位移传感器等安装完毕且检查无误;②按计算荷载的90%加压,进行油缸保压试验2h;③检查整个系统的工作情况以及油路情况。

(2)称重。

为保证顶升过程同步进行,在顶升前应测定每个顶升点处的实际荷载。

称重时上部被顶升结构与下部支承或柱墩呈无约束支承状态。

称重时依据计算顶升荷载,采用逐级加载的方式进行。在一定的顶升高度内(1~3mm),通过反复调整各组的油压,每个顶点的顶升压力与其上部荷载基本平衡,在正式顶升过程中可设定一组顶升油压上限值,使整个顶升过程中油压可控。称重加载顺序参见表2-11。

**称重加载顺序表** 表2-11

| 序号 | 加载顺序 | 监控点变化 |
| --- | --- | --- |
| 1 | 加载至理论荷载的60% | 传感器均无变化 |
| 2 | 加载至理论荷载的70% | 传感器均无变化 |
| 3 | 加载至理论荷载的80% | 某个传感器出现位移值,锁定该点千斤顶压力 |
| 4 | 加载其他千斤顶至理论荷载的90% | 锁定传感器出现位移值的千斤顶压力 |
| 5 | 持续加载传感器无位移变化的千斤顶 | 所有传感器均显示有位移变化,锁定所有千斤顶压力 |

将每点的顶升力实测值与理论计算值进行比较,计算其差异量。如差异较大,分析原因。由液压专家和结构工程师共同提出建议,最终由顶升领导小组确定该点实测值能否作为实际顶升施工中的顶升力施加值。

称重过程和试顶升过程可一次组织实施。试顶升过程中行程也可放大为10~20mm。其他技术要求参见2.3节。

8. 正式顶升

1)顶升控制基本要求

试顶升后,监测显示各系统均正常,进行正式顶升。

以$102^{\#}$台进行行程和顶升速度控制。每一标准行程设定为100mm,最大顶升速度为3mm/min。

根据设计要求,本工程各墩顶梁体顶升高度偏离相邻两个墩顶顶升高度连线的差值不应超过±11mm。

2)千斤顶倒顶施工

本项目最大顶升高度为4.202m($102^{\#}$台),每次行程为100mm,共需42个行程。行程的转换需要进行千斤顶倒换,即顶升千斤顶油缸伸出,第一个行程开始,随动千斤顶跟随;达一个行程时,顶升千斤顶油缸缩回,上部结构支承在随动千斤顶上;顶升千斤顶下安装100mm厚垫块,顶升千斤顶油缸伸出,顶紧受力,随动千斤顶缩回,下面安放100mm厚垫块。顶升千斤顶启动,第二个行程开始。依次往复,直到顶升到位。千斤顶倒顶施工步骤如表2-12所示。

其他墩柱顶升位置,每个行程与$102^{\#}$台有所不同,但顶升行程数量相同。各点每个行程顶升高度参见表2-13。

千斤顶倒顶施工步骤　　　　　　表2-12

| 步骤 | 步骤简述 | 示意图 |
| --- | --- | --- |
| 第一步 | 顶升千斤顶、随动千斤顶安装到位 | |
| 第二步 | 第一个行程顶升。顶升千斤顶启动,随动千斤顶跟随 | |
| 第三步 | 达到第一个行程,顶升千斤顶缩缸,桥梁由随动千斤顶支承 | |
| 第四步 | 顶升千斤顶下加入垫块 | |
| 第五步 | 顶升千斤顶油缸伸出受力,随动千斤顶收缸 | |
| 第六步 | 顶升千斤顶受力,随动千斤顶下加入垫块 | |
| 第七步 | 重复第二步至第六步,进行下一个行程顶升 | — |

**各点顶升高度行程分解** 表2-13

| 墩台号 | | 102#台 | 103#墩 | 104#墩 | 105#墩 | 106#墩 |
|---|---|---|---|---|---|---|
| 顶升高度(mm) | | 4202 | 3117 | 2063 | 1009 | 0 |
| 顶升行程(mm) | 1 | 100 | 75 | 50 | 25 | 0 |
| | 2 | 100 | 75 | 50 | 25 | 0 |
| | 3 | 100 | 75 | 50 | 25 | 0 |
| | …… | …… | …… | …… | …… | …… |
| | 42 | 100 | 75 | 50 | 25 | 0 |
| 累计顶升高度(mm) | | 4200 | 3150 | 2100 | 1050 | 0 |

3) 顶升过程中钢支承临时加固

钢支承由固定在承台顶面的 $\phi609$mm 钢支承和千斤顶下面的 $\phi500$mm 钢支承组成。当 $\phi500$mm 钢支承累计高度超过 1m 时,需在 $\phi500$mm 钢支承间进行临时性连接,连接采用两个带半圆钢抱箍的型钢对扣在 $\phi500$mm 钢支承上,然后用方管进行加固,以增加其整体稳定性。当 $\phi500$mm 钢支承累计高度超过 1.5m 时,可将其拆除更换为 $\phi609$mm 短钢支承,长度包括 500mm、1000mm、1200mm、1500mm。

4) 顶升施工流程图

顶升施工流程如图 2-36 所示。

5) 顶升控制事项

(1) 顶升控制程序六要诀。

正式顶升过程是顶升工程风险最高的工序。为确保顶升全过程安全,应坚持操作、观察、测量、校核、分析、决策六步要诀,并做好记录。具体内容为:①操作。按称重荷载进行加载。②观察。全面观察顶升系统工作状况、被顶升结构姿态、支承体系稳定性。③测量。各个测量点应认真做好测量工作,包括力和位移的测量;测量数据及时反馈。④校核。数据报送至现场领导组,比较实测数据与理论数据的差异。⑤分析。数据偏差超限时,及时认真分析原因。⑥决策。认可当前工作状态,并对下一步操作做出决策;或调整对策,重新确定操作要点。

(2) 顶升注意事项。

顶升过程中,注意以下事项:

①顶升开始前,确保顶升空间内无障碍物。

②顶升过程中,未经许可非作业人员不得擅自进入施工现场。

③顶升过程中,各方人员应全部到位、密切配合。

④每次顶升高度应稍大于预定行程,控制在 103~105mm 内,以满足垫块安装的要求。不宜超出行程较多,以避免负载下降。

⑤顶升过程中,应加强巡视工作。应指定专人观察整个系统的工作情况。若有异常,直接通知指挥控制中心。巡视内容包括顶升系统工作状况、基础沉降、顶升系统垂直度、加固系统连接情况、结构开裂情况等。

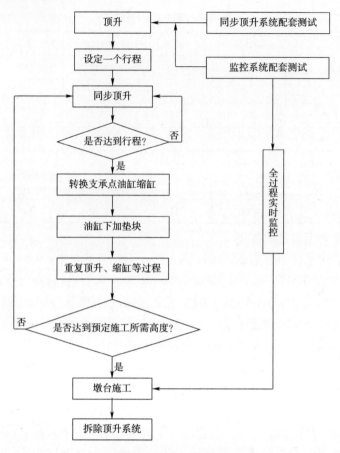

图 2-36 顶升施工流程图

⑥指挥领导小组应全部到岗,如发现异常,确保能够及时、正确分析原因,并给出合理应对策略。

(3)顶升异常判别标准。

以下任一情况一旦出现则判断为工作异常,应暂停顶升,及时应对。

①任何一点拉线式位移传感器监测位置误差大于顶升行程误差限值 2mm 或任何一缸的压力误差大于 5%。

②基础沉降差大于相邻点连线 11mm。

③顶升支承倾斜率大于 0.5%。

④支承系统晃动,连接松动。

⑤结构出现肉眼可见的新裂缝。

⑥顶升或监测设备出现故障,如漏油、传感器错位等。

⑦施工现场出现异常声音,直观难以发现原因时。

⑧出现自然或人为干扰。

6)顶升完成后工作准备

施工完成后,进行以下后续施工工序准备。

(1)主梁顶升并固定完成后,锁定千斤顶,准备开始墩柱接高、桥台改造等其他工序施工。由于后续工程与顶升系统施工操作空间相互干扰,需要做好支承安全防护。

(2)整理顶升全过程施工记录,作为工程竣工验收资料。

### 2.5.5 桥墩、桥台改造与落梁

**1. 桥墩顶升改造**

桥梁调坡顶升工程中,若直接顶升原墩柱,则会导致墩柱和上部梁体间不具备调坡能力。因此,本工程先对上部梁体进行调坡顶升,再分别进行各个墩柱顶升改造。墩柱顶升到位后连接墩柱,最后进行主梁落梁。

103#~105#墩改造方案如下:拆除原有支座;同时在墩柱系梁下安装墩柱顶升设备及钢支承;安装完毕后进行墩柱切割;顶升墩柱,直至达到设计要求;复核墩柱顶面至箱梁底的空间能否满足新垫石和支座的安装要求,若不满足则需局部改造;最后进行墩柱连接施工。

1) 墩柱顶升施工

对墩柱逐墩进行顶升。103#~105#墩最大顶升重量为800kN,经复核系梁受力满足要求。

根据顶升荷载,选择1套PLC液压同步控制系统和顶升设备进行墩柱顶升施工。墩柱顶升支承和千斤顶布置如图2-37所示。

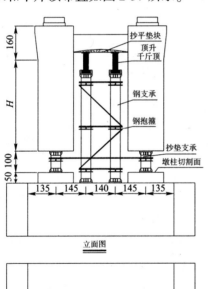
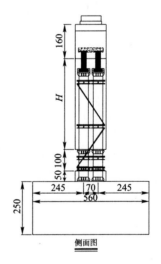
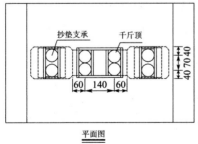

图2-37 墩柱顶升支承和千斤顶布置图(尺寸单位:cm)

注:$H$为墩柱直线段高度。

顶升千斤顶及顶升支承系统布置在系梁下方，共对称布置4台行程为100mm的100t千斤顶。施工时，先对系梁底部用高强灌浆料进行找平，然后将千斤顶吊挂在系梁下方。由于千斤顶顶身较长，截面尺寸较小，为了保证顶升过程中千斤顶的稳定性，采用钢抱箍和连系杆将4台千斤顶连成整体。

顶升临时支承设置在断开后的墩柱下，每个墩柱布置两根支承。顶升支承与临时支承均采用直径为500mm的钢管（图2-38）。

a) 墩柱顶升前状态　　　　　　　　　　b) 墩柱顶升后状态

图2-38　类似工程墩柱顶升

为保证顶升过程中的平面位置不变及控制墩柱的姿态不变，在墩柱与箱梁顶升支承之间设置顶升导向滑轨，滑轨的滑槽安装在箱梁上，由20号槽钢制作，滑块固定在墩身侧面，由18号槽钢制作，两者对扣形成顶升导向及限位装置（图2-39）。

墩柱顶升到位后，将墩柱顶升支承与箱梁顶升支承用型钢连接成整体，以保证墩柱在该工程中的稳定性。

2）墩柱切割

本工程墩柱采用金刚石线锯进行静力切割，切割位置根据现场实际情况确定。静力切割工艺流程如图2-40所示。墩柱切割现场如图2-41所示。

3）静力切割相关操作系统的连接及安全防护技术措施

静力切割工序中，水、电、切割机械设备等相关管路的连接应正确、规范、相对集中，走线摆放严格执行安全操作规程。严禁将设备与材料乱摆、乱放，以免造成事故隐患。

绳索切割过程中，绳索运动方向的前面要注意做好安全防护，并在一定区域内设安全标志，以提示行人不要进入施工作业区域。

4）墩柱连接施工

（1）墩柱切割面处理。

墩柱顶升以后，切割面之间增大的空隙采用钢筋混凝土接高。为保证界面连接牢固，需对上、下切割面进行开凿处理。界面开凿采用空压机（风钻）。具体开凿要求为：上、下界面均形成30cm高的锥形；周边主筋外伸长度不小于$6d$（$d$为钢筋直径）；混凝土凿除后须用水清洗，不得留有灰尘和杂物。开凿现场如图2-42所示。

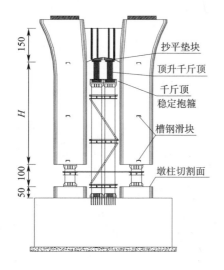
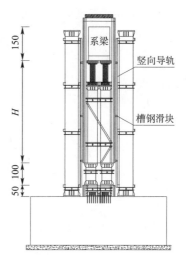

立面图　　　　　　　　　　　　　侧面图

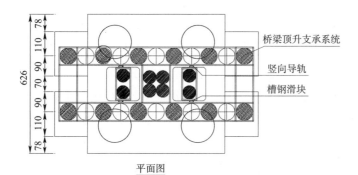

平面图

图 2-39　顶升导向滑轨(尺寸单位:cm)

注:$H$ 为墩柱直线段高度。

图 2-40　静力切割工艺流程图

a) 切割设备　　　　　　　　　　　b) 切割中

图 2-41　墩柱切割现场

图 2-42 使用空压机进行凿除

(2)墩柱钢筋施工。

立柱接长部分采用与原立柱同规格、等数量的竖向主筋和箍筋,与立柱主筋通过机械套筒连接。

①下料。

钢筋母料进入预定加工工棚后,首先对施工图中各种规格的钢筋长度、数量进行现场核对,确认无误后进行下料。

下料时,先将进场钢筋母材调直,正确量取钢筋长度,然后采用砂轮切割机进行切割,切割端面保持平头,与母材轴线垂直。钢筋加工成半成品后,编号分类堆放。

②钢筋安装。

将钢筋半成品运至现场,采用人工安装。墩身钢筋安装时,保证墩身所有钢筋位置的准确性,钢筋间距、钢筋接头均符合技术规范要求,钢筋安装完成后经监理工程师检查确认。

钢筋采用机械套筒连接。根据《钢筋机械连接技术规程》(JGJ 107—2016),钢筋连接Ⅰ级接头位于钢筋受拉应力较小部位或纵向受压钢筋时,同一截面接头百分率可不受限制。钢筋现场连接时,把装好连接套筒的一端钢筋拧到被连接钢筋上,然后用扳手拧紧钢筋,使两根钢筋头顶紧,连接完成后,立即做好标记以便检查。接头连接完成后,检验两端外露螺纹长度是否符合要求。

钢筋安装时控制间距、保护层厚度,不漏筋、少筋。安装顺序为先主筋再箍筋。确保钢筋定位准确,满足钢筋安装的精度要求,钢筋安装精度要求如表 2-14 所示。

钢筋安装精度要求　　表 2-14

| 检查项目 | | | 规定值或允许偏差 | 检查方法和频率 |
| --- | --- | --- | --- | --- |
| 受力钢筋间距(mm) | 两排以上排距 | | ±5 | 尺量:两端和中间各一个断面,每断面连续量取钢筋间距,取平均值计一点。测3点 |
| | 同排 | 梁、板、拱肋 | ±10 | |
| | | 基础、锚碇、墩台、身 | ±20 | |
| | 灌注桩 | | ±20 | |
| 箍筋、横向水平筋、螺旋筋间距(mm) | | | ±10 | 尺量:连续量取5个间距,取平均值计一点。测5点 |
| 钢筋骨架尺寸(mm) | 长 | | ±10 | 尺量:两端和中间各一处。测3处 |
| | 宽、高或直径 | | ±5 | |
| 弯起钢筋位置(mm) | | | ±20 | 尺量:每个骨架抽查30% |
| 保护层厚度(mm) | 身、梁、拱肋 | | ±5 | 尺量:每个构件沿模板周边检查10处 |
| | 基础、锚碇、墩台 | | ±10 | |
| | 板 | | ±3 | |

③钢筋工程施工注意事项。

a. 钢筋应具有出厂质量保证书和试验报告单,对不同型号的钢筋均应按要求抽检。

b. 钢筋的表面应洁净,使用前应将表面的油渍、漆皮、磷锈等清除干净。钢筋应平直,无局部弯折。钢筋的加工和制作应符合设计及规范要求。

c. 注意在箍筋上设置混凝土垫块,以保证钢筋骨架的混凝土保护层厚度足够大。

(3) 模板施工。

①模板设计与制作。

为保证墩身的外观质量,墩身模板应采用定型大块钢模,模板分节制作成4片式,具体尺寸规格依据现场墩柱顶升高度综合考虑确定。计划该项目墩柱模板加工2套。

②模板安装。

钢模板的布置与施工操作程序按照《组合钢模板技术规范》(GB/T 50214—2013)的相关规定执行。每次安装前将模板表面及接缝处清理干净,模板表面使用钢丝刷进行除锈,除锈后及时涂抹脱模剂。

使用手拉葫芦起重、人工配合安装墩柱模板。安装时根据原墩柱的平面位置进行控制,定位误差不超过5mm,接缝交错误差不大于2mm,以保证墩柱连接后上下平顺。

安装时将模板依次吊立在钢筋笼周围并拼装在一起,上好拼接螺栓,同时吊垂球初步检查模板的垂直度。如有偏差,使用手拉葫芦配合钢钎撬动模板调整位置,直至平面位置及垂直度符合设计与现行规范要求。

模板接缝处理:加工制作时连接凸缘设阴阳口,防止漏浆与错台。如阴阳口合缝不严密,应对模板进行校正或在阴口粘贴胶带。

由于本工程中墩柱连接在中间段位置,混凝土无法从上方下料,为了保证混凝土的顺利浇筑,模板上口应高出顶升段墩柱底面以上10cm,并在每个侧面顶端留有混凝土下料簸箕口。

模板安装完成后应进行质量检查,包括定位准确性、稳定性和内部脱模剂完好性等。

(4) 混凝土浇筑。

①混凝土生产与运输。

混凝土采用商品混凝土,或拌和站集中拌制,采用汽车泵送至工作面。混凝土运输距离和出料时间、混凝土的初凝时间、终凝时间、流动性等应满足墩柱浇筑要求。如遇混凝土运至浇筑地点后发生离析、严重泌水或坍落度不符合要求等情况,应进行第二次搅拌,第二次搅拌时不得随意加水。

②混凝土浇筑与振捣。

连接墩柱的混凝土采用缓凝、微膨胀混凝土。浇筑过程中应缓慢放料,并分层振捣密实,层厚30cm。对于连接段较短的墩柱,可采用插入式振捣器振捣;对于连接段较长的墩柱,可采用附着式振捣器。应配备熟练振捣工,由工班长统一指挥振捣。

振捣作业中应注意以下事项:混凝土浇筑时分层厚度不大于振捣器作用长度的1.25倍,对于泵送混凝土,振捣器捣固混凝土的层厚采用30~40cm为宜。使用插入式振捣器振捣时,水平移动间距不得超过振捣器作用半径的1.5倍;考虑到振捣器的有效半径,水平移动间距以不超过 50cm 为宜,与侧模保持 50~100mm 的距离。插入式振捣器的振动深度,一般不应超过振捣器长度的 2/3~3/4;分层浇筑时,插入下层混凝土深度为 50~100mm,使上下层混凝土结合牢固。

混凝土振捣时遵循快插慢拔的原则,以混凝土表面停止沉落且无气泡上冒为准,严防出现蜂窝、麻面现象。插入时速度宜稍快,提出时速度略慢并边提边振,以免在混凝土中留有空洞。

混凝土振捣时不得漏振、欠振、过振。混凝土浇筑后,应立即进行振捣。振捣作业分层次振捣,第一层次振捣时间为 45~60s,30min 后第二层次振捣时间为 20~30s,振捣方向及布点与第一层次相同。振捣器不能直接接触到布置在模板内的钢筋。现场设备用振捣器,万一出现故障,可以迅速更换。

如出现以下情况之一,表明混凝土已振捣完成:

a. 混凝土表面停止沉落,或沉落不显著;

b. 振捣不再出现显著气泡,或振捣器周围无气泡冒出;

c. 混凝土表面平坦、浮浆;

d. 混凝土已将模板边角部位填满。

为减少施工缝对外观的影响,每次混凝土浇筑至模板顶时,用木抹子将沿口抹平,使施工缝与模板接口重合。

③养护。

混凝土终凝后应及时养护。墩身混凝土的洒水养护时间至少为 7d,可根据空气的湿度及周围环境情况适当延长或缩短,以保证混凝土表面经常处于湿润状态。

本工程墩柱混凝土拆除模板后,用塑料薄膜将新浇筑的混凝土进行缠绕养护。

(5)拆模。

模板拆除使用手拉葫芦起重、人工配合进行。松开螺栓后,手拉葫芦吊住模板,人工使用钢钎小心松动模板接口,待整个模板接口全部松动后,手拉葫芦起重向上向外试着拖动模板,模板脱离墩身后应通过人工扶住模板,防止模板摆动碰到柱身混凝土。不得强硬拆模。

2. 原桥台切割及新建墩柱施工

1)原桥台切割

本工程原桥台部位(102#台)顶升后设计为新建墩柱。新建墩柱施工前,需要对原桥台的混凝土进行切割。梁体顶升到设计高程后,由于原桥台仍作为梁体支承,因此在满足施工要求的前提下应尽量缩小桥台切割范围,以降低对箱梁支承的不利影响,切割前对切割范围进行放样。桥台采用静力设备分块进行切割,具体切割工艺同墩柱切割工艺。切割完成后将承台表面清理干净。桥台切割范围参见图 2-43。

2)新建墩柱施工

切割完成后,按新建墩柱设计要求在承台上植筋。植筋须满足《公路桥梁加固设计规范》(JTG/T J22—2008)附录 A 要求。锚固深度不小于 1000mm。植筋前对承台墩身接触面的区域进行表面凿毛处理,新旧混凝土界面凿成凹凸差不小于 10mm 的粗糙面。

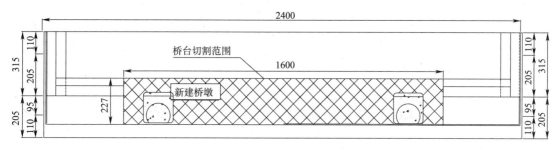

图 2-43 桥台切割范围平面图(尺寸单位:mm)

新建墩柱施工步骤为:植筋;搭设脚手架作业平台;钢筋加工进场,人工现场绑扎成型;支设新建墩柱及系梁模板,采用大块定型钢模板,现场散拼;一次性完成墩柱混凝土浇筑,使用插入式振捣器分层振捣密实;拆除模板、支架;进行混凝土养护。

(1)新建墩柱模板工程。

①模板设计与制作。

为保证墩柱的外观质量,墩柱模板应采用定型大块钢模,墩柱模板面板厚度为8mm,贴面板的纵肋采用10号槽钢,间距300mm左右;背楞采用14号槽钢双拼(]匚)形式,最大间距为750mm;墩柱连接处采用12mm×100mm钢板连接,连接螺栓为M16,间距不大于200mm。模板四角采用斜对拉。所有模板均设置$\phi$18.5mm的缆风绳。墩柱模板制作完成后应进行试拼,检查模板的刚度、平整度、接缝密合性及结构尺寸等,以避免给现场施工带来难以克服的困难。

②模板安装。

钢模板的布置与施工操作程序执行《组合钢模板技术规范》(GB/T 50214—2013)的相关规定。模板使用前,应进行预拼装,对各部位的几何尺寸、平整度做严格检查。准确无误后方可进行立模;安装前将模板表面及接缝处清理干净,表面用脱模油涂抹均匀。

靠近钢支承一侧的模板用10t倒链提升,其他三侧模板采用汽车式起重机提升与安装,操作工人在操作平台上施工。在起吊模板前,要根据编号,按拼装先后顺序把模板运送到墩下。吊装模板应由专人指挥,防止模板在起吊过程中晃动过大以致与箱梁支承或脚手架碰撞,同时严禁墩下和起吊范围内有人站立,以确保人员安全。

安装模板时,平台上至少需要两名模板工,在模板起吊到安装高度时,用特制的钢筋拉钩把模板拉向墩身,工人分站模板两侧,用手扶持钢模板与持力模板连接,固定好对拉螺栓。如此反复循环直到安装好一层模板后,再安装上一层模板。为了进一步增强模板的稳定性和施工的安全性,用缆风绳对模板进行加固。缆风绳与地锚连接时,缆风绳与地平面之间的夹角一般控制在35°~45°。

③模板校正。

模板安装好后,对其轴线位置、水平高程,各部分尺寸、垂直度进行检校,直到符合设计及规范要求(表2-15)。高墩施工最主要的是垂直度、高程的控制,本工程采用全站仪与水准仪逐层控制模板的四角坐标、垂直度及高程。采用缆风绳手拉5t葫芦进行校正。

模板制作、安装允许偏差　　　　　　　　表2-15

| 项目 | 允许偏差(mm) | 项目 | 允许偏差(mm) |
|---|---|---|---|
| 模板的长度和宽度 | 0,-1 | 模板相邻两板表面高低差 | 2 |
| 表面平整度 | 5 | 板面局部不平 | 1 |
| 垂直度(墩、台) | H/1000 | 模内尺寸(墩、台) | +5,-8 |
| 轴线偏位(墩、台) | 10 | 预埋件中心线位置 | 3 |

注：H为墩高。

④拆模。

待混凝土强度达到2.5MPa以上时即可拆模。上面一套模板不动，将下面一套模板拆除。拆模由两名木工配合进行。先在需拆除的模板上挂上吊钩，再松动螺栓，将连接螺杆抽出；在只剩两个螺栓时，由一人扶持模板，一人拆除螺栓，防止模板突然脱落；在模板离开墩身后，用拉钩拉住模板慢慢放开，防止模板晃动过大以致撞击墩身及钢支承。

(2)混凝土工程。

新建墩柱混凝土强度等级为C40，采用商品混凝土。具体施工工艺同墩柱接高混凝土浇筑工艺。

**3. 支座垫石改造**

本工程为调坡顶升，在顶升过程中箱梁支座会随着梁体转动沿纵桥向移动，当箱梁和墩柱全部顶升到位后，原支座的上下两部分产生错位，因此需要对垫石进行改造。

同时，梁体调坡顶升完成后，支座垫石坡度随顶升高度增大而变化。因此，需要在顶升工作完成后调整支座垫石的角度。

支座垫石改造包括以下工作内容：

(1)在梁体顶升完成后，墩柱顶升前，需要对原有支座垫石进行拆除。垫石拆除时预留原套筒。

(2)检验原预埋套筒是否能正常使用，如有不能正常使用的则进行更换。

(3)根据设计要求，将支座上、下钢板圆形螺栓孔位置更改为条形螺栓孔，以适应顶升后的支座位置偏差。

(4)安装新支座，保证其位置准确。

(5)以支座底面作为垫石的高程控制线，安装垫石侧模，确保模板密封、不漏浆。

(6)采用C50高强灌浆料(24h强度可达80%)浇筑垫石，为保证垫石的密实，在垫石内预留压浆管，以便在垫石混凝土初凝后二次压注水泥浆。

(7)在支座上钢板与梁底支座垫石之间加入相应坡度的楔形钢板，拧紧螺栓或螺钉，将支座固定。

垫石与新支座施工如图2-44所示。

图2-44　垫石与新支座施工

### 4. 落梁

所有的墩台改造完成且混凝土达到设计强度,各方验收合格具备条件后即可落梁。落梁的过程即是支承体系转换的过程,即将顶升荷载由千斤顶转换到支座上。落梁应缓慢进行,逐级卸载。同时加强对箱梁和支座受力的监控。由于支座安装完毕后与支座、箱梁之间没有预留空隙,因此落梁的高度有限,一般不超过3mm。

### 5. 改造中的其他工艺要求

1) 钢筋加工及安装

钢筋的加工应符合设计要求,当设计未提出要求时,应符合下列规定:

(1) 受拉热轧光圆钢筋的末端应作180°弯钩,其弯曲直径 $d_m$ 取不小于钢筋直径的2.5倍,钩端应留有不小于钢筋直径3倍的直线段。

(2) 受拉热轧光圆和带肋钢筋的末端,当设计要求采用直角形弯钩时,直钩的弯曲直径 $d_m$ 不小于钢筋直径的5倍,钩端应留有不小于钢筋直径3倍的直线段。

(3) 弯起钢筋应弯成平滑的曲线,其弯曲半径不得小于钢筋直径的10倍(光圆钢筋)或12倍(带肋钢筋)。

(4) 用光圆钢筋制成的箍筋,其末端应作不小于90°的弯钩,有抗震等特殊要求的结构应作135°或180°弯钩;弯钩的弯曲直径应大于受力纵向钢筋直径,且不得小于箍筋直径的2.5倍;弯钩端直线段的长度,一般结构不得小于箍筋直径的5倍,有抗震等特殊要求的结构不得小于箍筋直径的10倍。

(5) 钢筋接头应设置在受力较小处,并应分散布置。配置在"同一截面"内受力钢筋接头的截面面积,占受力钢筋总截面面积的百分率,应符合设计要求。当设计未提出要求时,应符合下列规定:

① 焊(连)接接头的截面面积占受力钢筋总截面面积的百分率在受弯构件的受拉区不得大于50%,轴心受拉构件不得大于25%。

② 绑扎接头的截面面积占受力钢筋总截面面积的百分率在构件的受拉区不得大于25%,在受压区不得大于50%。

③ 钢筋接头应避开钢筋弯曲处,与弯曲点的距离不得小于钢筋直径的10倍。

④ 在同一根钢筋上应少设接头。"同一截面"内,同一根钢筋上不得超过一个接头。

(6) 钢筋加工与安装及钢筋保护层厚度允许偏差和检验方法分别参见表2-16和表2-17。

**钢筋加工允许偏差和检验方法** 表2-16

| 项目 | 允许偏差(mm) | 检验方法 |
| --- | --- | --- |
| 受力钢筋全长 | ±10 | 尺量 |
| 弯起钢筋的弯折位置 | 20 | |
| 箍筋内净尺寸 | ±3 | |

**钢筋安装及钢筋保护层厚度允许偏差和检验方法** 表2-17

| 名称 | 允许偏差(mm) | 检验方法 |
| --- | --- | --- |
| 受力钢筋排距 | ±5 | 尺量两端、中间各1处 |
| 同排中受力钢筋间距 | ±10 | |

续上表

| 名称 | 允许偏差(mm) | 检验方法 |
|---|---|---|
| 分布钢筋间距 | ±20 | 尺量连续3处 |
| 箍筋间距 | 绑扎骨架:±20;焊接骨架:±10 | 尺量连续3处 |
| 弯起点位置 | 30(加工偏差±20mm,包括在内) | 尺量 |
| 钢筋保护层厚度c | 25mm < c < 35mm | 尺量两端、中间各2处 |

2) 混凝土工程

(1) 浇筑过程注意事项。

①混凝土采用自拌混凝土,由混凝土搅拌运输车运送至现场,使用地泵或泵车进行浇筑。

②混凝土浇筑前将原承台混凝土表面冲洗干净。

③混凝土浇筑时的自由倾落高度不得超过2m。当自由倾落高度大于2m时,采用溜槽、串筒、漏斗等器具浇筑。

④浇筑混凝土前,检查预埋件及钢筋骨架等,保证其位置正确。

⑤混凝土浇筑时经常检查模板,设专人保护模板,保证模板不变形、不窜动。一旦发生问题,立即处理。

⑥混凝土在运输过程中不能发生离析、漏浆、严重泌水和坍落度损失过大等现象,当运抵浇筑现场的混凝土发生离析现象时,须在浇筑前进行二次搅拌,但不得再次加水;泵送混凝土也不能因泵不出来而再次加水。

⑦混凝土浇筑过程中采用分层浇筑,分层厚度不超过30cm。采用插入式振捣器时,无筋或配筋较少的结构,可取分层厚度 $h=25$cm;配筋密的结构,可取 $h=15$cm。

⑧振捣移动间距不大于振捣作用半径的1.5倍,且插入下层混凝土内深度为5~10cm。振捣时不得碰撞模板、钢筋和预埋件,每一振点振捣延续时间宜为20~30s,以混凝土不再沉落、不出现气泡和表面呈现浮浆为度。

⑨浇筑混凝土须连续进行,因此施工间隙宜缩短,当气温在30℃左右时,施工间隙不超过1.5h,当气温降至10℃时,可延至2.5h。

(2) 混凝土养护要求。

①混凝土浇筑后根据气候条件,最多不超过12h就要进行覆盖和洒水,直至规定的养护时间。操作时不得使混凝土受到污染和损伤。当日平均温度低于5℃时不得对混凝土进行洒水养护。

②混凝土的洒水养护时间须符合规定。当相对湿度小于60%时,养护时间不少于14d;当相对湿度为60%~90%时,不少于7d。洒水次数以混凝土表面保持湿润为宜。

③在新混凝土的强度达到1.2MPa前,不得在其表面行走,堆放机具,架设支承、模板等设施。

3) 植筋施工工艺

(1) 植筋施工工艺流程。

植筋施工工艺流程如图2-45所示。

图 2-45　植筋施工工艺流程图

(2)植筋技术要求。

植筋施工应避免在雨天进行。每个植筋步骤技术要求如下：

①施工准备。植筋采用的钢筋为 HRB335 钢筋，植筋钢筋在钢筋加工区加工。植筋孔径为：$\phi25$ 钢筋钻孔直径为 $\phi30mm$，M20 螺栓钻孔直径为 $\phi25mm$，植筋胶采用 A 级胶。

②确定钻孔位置。

钢筋探测：为了钻孔时不破坏原有的钢筋，应采用钢筋探测仪在植筋区域探测，并标明原有钢筋位置。

定位：根据图纸在工地现场画定位线，在承台上用钢尺将植筋位置测量出，用墨汁标记具体植筋位置并标明钻孔位置、钢筋规格。

③钻孔。

根据标记的植筋位置，参考原承台设计图，结合钢筋探测仪测量原桥承台钢筋位置，尽量避免与原钢筋冲突，在植筋位置用电钻钻孔。如设计植筋位置有钢筋，可以对植筋位置做适当调整。

④清理孔洞(除尘、干燥)。

钻孔成批量后，逐个清除孔内灰尘，利用高压水枪对孔内灰尘进行冲洗，冲洗过程中利用毛刷进行清洗，直到孔内流出清水为止。然后用干抹布将孔内水分吸干，并用压缩空气将孔内吹干，确保孔壁无尘。

⑤钢筋除锈、调直。

⑥注入植筋胶。

首先将植筋胶直接放入胶枪中，将搅拌头旋到胶的头部，扣动胶枪直到胶流出为止。第一次打出的胶不用，待流出的胶呈均匀灰色方可使用。注胶时，将搅拌头插入孔的底部开始注胶，注入孔内约 2/3 处即可。每次扣动胶枪后，停顿 5~6s，再扣动下一次胶枪。因为胶枪为自动加压，所以注射下一个孔时，按下胶枪后面的舌头，以免胶继续流出，造成浪费。更换新的胶时，按下胶枪后面的舌头，拉出拉杆，将胶取出。

植筋胶使用前应进行检验，检验方法参见相关技术标准，性能要求列入表 2-18 中。

胶体性能要求　　　　　　　　　　　　　　　表 2-18

| | 性能项目 | 性能要求(A 级胶) |
|---|---|---|
| 胶体性能 | 劈裂抗拉强度(MPa) | ≥8.5 |
| | 抗弯强度(MPa) | ≥50 |
| | 抗压强度(MPa) | ≥60 |
| 黏结能力 | 钢-钢(钢套筒法)、拉伸抗剪强度标准值(MPa) | ≥16 |
| | 约束拉拔条件下带肋钢筋与混凝土的黏结强度(MPa)　C30 $\phi25$，$L=150mm$ | ≥11 |
| | C60 $\phi25$，$L=125mm$ | ≥17 |
| | 不挥发物含量(固体含量) | ≥99% |

注：表中各项性能要求，除强度为标准值外，其他均为平均值。

⑦插入钢筋、固化。

用手将钢筋旋转着缓缓插入孔底,使胶与钢筋全面黏结,并防止孔内胶外溢。按照植筋固化时间表的规定时间进行操作,使得植筋胶均匀附着在钢筋的表面及缝隙中。插好固定后的钢筋不可再扰动,待植筋胶养护期结束后再进行钢筋焊接、绑扎及其他各项工作。插筋期间,桥上应避免震动。

⑧植筋养护。

在室外温度下自然养护24h。当温度低于5℃时,应改用耐低温改性结构胶。在胶固化期内禁止扰动钢筋。

(3)植筋验收。

通过拉拔试验进行植筋验收。方法和评定标准按《混凝土结构加固设计规范》(GB 50367—2013)执行。

### 2.5.6　济南市北园大街快速路西延四标段桥梁顶升过程一览

济南市北园大街快速路西延四标段桥梁顶升过程参见图2-46。

a) 承台钻植筋孔

b) 承台帮宽钢筋绑扎

c) 承台帮宽混凝土浇筑完成

d) 支承安装

图 2-46

e) 支承周边型钢加固

f) 分配梁安装

g) 顶升千斤顶安装完成

h) 脚手架搭设完成

i) 交替顶升

j) 更换支承垫块

k) 操纵PLC液压同步控制系统

l) 顶升到位

图 2-46

m) 顶升到位俯瞰

n) 改造完成后

图 2-46 顶升过程一览图

### 本章思考题

1. 分别从内容和施工控制角度，说明桥梁顶升施工系统由哪些子系统构成？
2. 桥梁顶升土建结构系统包括哪些内容？
3. PLC 的全称是什么？PLC 液压同步控制系统由哪些部件、设备装置组成？
4. 桥梁顶升工程中实时监测的内容有哪些？分别应用什么方法或仪器设备进行监测？
5. 进行桥梁顶升工程设计，要掌握哪些基础知识？
6. 顶升工程实施的主要内容和步骤是什么？
7. 桥梁顶升工程中，上托盘结构有哪几种形式？
8. 桥梁顶升工程中，顶升反力平台有几种方案？
9. 变坡桥梁顶升与等高桥梁顶升相比，有哪些特别注意事项？
10. 桥梁顶升工程中的限位有几种？分别起什么作用？
11. 混凝土表面凿毛方式有哪些？各自设备是什么？各有什么优缺点？
12. 混凝土静力切割包括几种方式？有什么施工特点？
13. 顶升工程竣工验收需要提供哪些施工资料？
14. 顶升工程中的支承和反力平台如何牢固连接？
15. 采用何种措施确保顶升工程中支承系统的稳定性？
16. 调坡顶升的伸缩缝是否需要处理？应如何处理？
17. 桥梁调坡顶升工程中，采取何种措施调整支座适应梁体倾角变化？
18. 桥梁调坡顶升工程中，桥梁纵桥向水平投影长度发生变化，顶升系统如何适应，以避免产生较大水平推力？
19. 顶升、平移等移位工程中，如何进行上部结构各支点称重？
20. 叙述桥梁顶升操作流程。
21. 混凝土墩柱接高，如何进料并振捣密实？
22. 简述植筋施工内容和步骤。
23. 混凝土养护应注意哪些问题？

# 第 3 章 工程结构平移施工技术

## 3.1 整体平移工程施工的基础知识

本节所讨论的建筑物整体平移工程是指将被平移的结构整体托换到一个底盘结构上,然后采用移动装置系统将其搬迁到新址的工程。早期文物保护部门针对文物建筑搬迁采用的编号、拆卸、装箱、运输、新址原样复建的整体搬迁模式不属于本节介绍范围。

### 3.1.1 平移工程的施工过程以及辅助结构和设施

**1. 平移工程的施工过程**

建筑物整体平移的关键是使不可移动的建筑物形成一个可移动体,这就需要在被平移部分的底部制作一个与原建筑物连接成整体的、具有足够承载能力和刚度的托换结构(简称上托盘),并在新、旧基础之间的整个移动轨迹范围内修建平移轨道(简称下轨道)。车载平移工程中,路面即为下轨道。

建筑物上托盘与下轨道间为移动支座,移动支座安装完成后,将上部结构与基础或原地基切割分离后(绝大部分整体平移工程仅平移上部结构,不带走基础,这种情况下是上部结构与基础分离;一些较小的建筑物或文物保护工程,当原基础也需要保留时,则将整体结构与地基分离),上部结构竖向荷载由上托盘传递给移动支座,再由移动支座将荷载传递给下轨道和地基。之后安装平移动力系统。建筑物整体平移动力系统按施力方式不同分为推力系统、拉力系统(图3-1)和前拉后推复合施力系统。平移动力系统不同,反力后背设置位置不同,配套的装置设备也有所差异。

推力系统中,上托盘与后方反力后背间安装平移千斤顶和垫块[图 3-1a)];拉力系统中,前方反力后背通常预留穿钢索孔,前方钢索穿过钢索孔锚固在穿心千斤顶上,后方则锚固在上托盘上。需要特别注意的是,由于绝大多数平移工程中的上托盘结构采用钢筋混凝土结构,而混凝土的抗拉强度很低,因此对牵引钢索的锚固有特别要求。通常有两种锚固方式:第一种方式是将牵引环和托换梁中与平移方向一致的纵筋焊接,然后将钢索锚固在牵引环上(图3-2);第二种方式是将牵引钢索穿过上托盘中的预留孔,一直延伸到被移位结构的后方,用锚具锚固(图3-3),相当于施力作用点在后方,平移时上托盘结构受水平压力作用。第二种方式能够有效避免上托盘结构出现大量裂缝,应用较多。

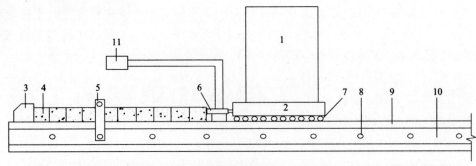

1-建筑物；2-托换梁；3-反力支座；4-垫块；5-垫块固定架；6-千斤顶；7-滚轴；8-可动反力架与垫块固定架安装预留孔；9-轨道型钢(钢板)；10-下轨道梁；11-电动油泵站

a) 推力系统组成

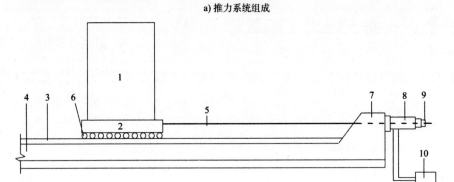

1-建筑物；2-托换梁；3-轨道型钢；4-下轨道梁；5-牵引钢索；6-滚轴；7-反力支座；8-穿心千斤顶；9-锚具；10-电动油泵站

b) 拉力系统组成

图 3-1　平移工程动力系统部分组成

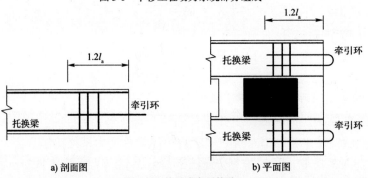

a) 剖面图　　　　　　　　　　b) 平面图

图 3-2　前承式牵引构造

注：$l_a$ 表示锚固长度。

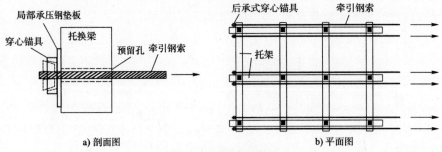

a) 剖面图　　　　　　　　　　b) 平面图

图 3-3　后承式牵引构造

选择合适的轴线和位置,安装水平移动动力设备。施力点的选取直接关系上托盘结构的杆件内力和截面设计。平移工程中应对水平荷载作用下上托盘结构的不利工况进行内力分析,分析可采用 PKPM 等设计软件或 SAP2000 等结构分析软件建立模型,计算简图参见图 3-4。分析不利工况时首先要选择不利工况,通常认为荷载不同步对托盘内力影响较大,因此不利工况可按下列方法设定:取消模拟某加载点的支座,替换为不平衡力,此时模型即反映一种不利工况。实际工程中,选择几个敏感轴线加载点进行不利工况分析即可。当采用高精度 PLC 液压同步控制系统进行同步控制时,可不进行不利工况分析,仅将同步加载工况计算得到的内力,乘不小于 1.2 的轨道不平整引起的托盘内力放大系数即可。

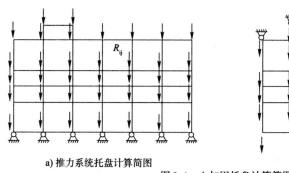

a) 推力系统托盘计算简图　　　　　　b) 拉力系统托盘计算简图

图 3-4　上加固托盘计算简图

注:$R_{ij}$表示摩擦反力。

施工中严格按照设计工况安装设备和加载。

当采用自动化同步控制系统时,选定若干关键柱、墙位移控制点,设置位移控制测量装置(拉线式、激光测距式传感器等),通过 PLC 液压同步控制系统对各控制点的力、位移按照设计数值进行精确控制。

上托盘、下轨道制作完成,移动支座、反力后背(牵拉锚点)、平移动力千斤顶、PLC 液压同步控制系统(包括监测设备)安装就位后,在上托盘和下轨道之间,采用静力切割设备将原建筑物的柱、墙切割断开,将建筑物被平移的上部结构部分和原基础分离,荷载从由柱、墙传递给地基基础转换为由上托盘、移动支座、下轨道传递给地基基础。切割断开过程中,应密切监测各支承点沉降情况,必要时设置临时支承进行控制。

断开后,可进行试平移,调试平移动力系统、PLC 液压同步控制系统和监测系统,精确测试所需顶推力。试平移距离通常控制在 5~30cm 范围内。

试平移一切正常的情况下,开始正式平移,直至平移到新址,进行就位连接。

**2. 平移工程中辅助结构和设施**

(1)上托盘。

对于平移工程而言,上托盘是工程实施的核心辅助结构,既要承受建筑物的荷载并将其传递到移动支座上,又要承受平移水平推力,同时要减少不均匀沉降对建筑物的影响。上托盘一般是由抱柱结构(柱托换节点)、夹墙梁、连系梁等组成的平面框架结构。

在斜向平移工程和水平旋转平移工程中,应设置对应于行走轨道的斜向、弧向行走梁等上托盘结构(图 3-5)。

 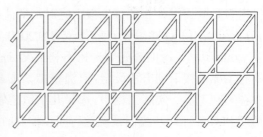

图 3-5　北海原英国领事馆斜向平移工程及其上托盘结构形式

(2) 移动支座。

移动支座的常用形式有滚轴和滑块,以及集成了同步位移控制系统的 SPMT 模块运输车。

滚轴根据材料不同可分为实心钢棒、钢管混凝土滚轴、工程塑料滚轴。实心钢棒承载力高,不易损坏,但压缩变形能力差,当轨道出现不均匀沉降时,沉降较小部位的滚轴受力急剧增大,托换结构和轨道产生应力集中,从而导致开裂,因此这类滚轴适用于轨道刚度或地基承载力较大的移位工程。钢管混凝土滚轴对不均匀沉降有一定调节能力,成本低,但易损坏,需备用一些便于更换。工程塑料滚轴耐变形能力强,不易损坏,但成本高。

工程实践和理论研究表明,滚轴直径越大,滚动摩擦系数越小,但占用空间越大。实际工程中常用滚轴直径为 40~150mm。

滑块(或称为滑脚)作为移动支座时,轨道受力较为均匀,行走稳定性高,但滑动摩擦系数大(通常在 10% 左右;当轨道平整度不足、摩擦副材料翻卷或移位轨道产生显著沉降时,滑动摩擦系数可能超过 15%),对轨道表面平整度要求高。滑块下部通常采用具有一定刚度的钢板,粘贴聚四氟乙烯板或不锈钢板,用以降低滑动摩擦系数。为了减少不均匀沉降对上部结构安全的不利影响,通常在钢板和上托盘间采用竖向千斤顶(业内称为悬浮千斤顶)连接,可以保证上部结构的沉降差永远限定在较小范围内。移动距离较长的工程中,滑块支座经常出现聚四氟乙烯板磨损翻卷现象,悬浮千斤顶的设置为其便利更换提供了条件。

(3) 下轨道与新基础。

下轨道应贯穿新、旧基础和过渡段范围。

下轨道包括轨道基础和上部铺设的钢板或滚动垫板等。轨道基础通常设置成多肋梁条形基础形式,肋梁的设置数量和位置对应于上托盘上设置的行走梁。钢板通常根据上部结构荷载大小,选择 10~20mm 厚条形钢板。常见的滚动垫板构造为槽钢中填充混凝土;当荷载较小时,也可采用槽钢相向扣住的方式。

(4) 限位装置。

设置限位装置的目的是防止建筑物在平移方向偏差过大,预防脱轨,确保建筑物按照预定的路线顺利到达新址。限位装置一般采用钢筋混凝土结构或钢结构,预埋在下轨道两侧。

(5) 平移动力与位移同步控制系统。

平移动力与位移同步控制系统(顶推或牵拉)是为平移提供动力、确保建筑物同步位移的系统。当采用顶推平移方式时，由反力后背、顶推千斤顶、顶铁支承(钢垫块)、液压泵站、PLC液压同步控制系统等组成；当采用牵拉平移方式时，由连续作用张拉千斤顶、钢绞线、前置反力锚点、位移传感器、PLC液压同步控制系统等组成。动力系统的组成参见图3-1。

若牵引钢索过长，启动时牵引钢索将累积较大的弹性伸长变形，导致建筑物出现启动起跳现象，因此牵引钢索长度不宜大于50m，同时保证拉应力不超过150MPa。

若顶推垫块过多，应采取措施以避免垫块失稳。

工程中位移同步控制有三种方法，对应于各自的装置设备。

第一种：动力施加装置采用同型号手动螺旋千斤顶(图3-6)，配合同步喊号子；每将加载杆按压一次，千斤顶芯塞向外顶出相同的距离。所有动力加载点都完成第一次操作后，方可进行第二次操作。这种方法成本低，控制效果好，但耗费人工较多，施工前需对工人进行严格操作培训，加载缓慢。由于此类千斤顶通常额定荷载较小，常用于移动距离不长、被平移建筑物体量不大的移位工程。

第二种：采用普通油压千斤顶，多个泵站带动，每个泵站配备1名工人进行控制(图3-7)。控制方法为力、位移双控分级加载。首先，各轴线动力分级加载，当房屋开始移动时，各轴位移监测点进行反馈，当各轴行程差接近水平框架允许行程位移差时，将移动较快的轴线供油阀门关闭保压，其他轴线油压略增，从而保证同步。当轴线较多时，工人执行操作要求情况决定了工程风险大小。为了避免这种缺陷，将水平托盘结构水平刚度加大，则在很大程度上避免了行程差导致的托盘结构开裂。这种方案中，一旦总摩擦反力和总推力作用方向不能共线，则移动过程中水平扭转不可避免。因此每行进一定距离，就需要通过加载调整方向，方法是将移动行程较小一侧的各轴水平动力适当增大，被平移建筑物就出现反向旋转。

图3-6　手动螺旋千斤顶　　　　图3-7　采用第二种同步控制方法的平移工程

第三种：PLC液压同步控制系统，其系统组成、工作原理和操作要求参见2.2.2节。该方法控制精度高，能实现全自动化同步位移控制，但成本较高。目前，PLC液压同步控制系统代表了技术的发展方向，正被越来越多的企业应用。

(6)平移监控系统。

平移监控系统对平移过程中建筑物的结构内力变化、结构变形、裂缝等进行监控量测，确保建筑物结构安全。

早期平移工程曾关注移位启动、卸载以及故障工况(轨道沉陷、牵引钢索绷断、顶推垫块失稳)下结构的振动情况,将动力监测(振动加速度)作为重要监测内容,结果表明非故障工况下,平移施工全过程的振动加速度为10~5量级,因此《建(构)筑物整体移位技术规程》(DGJ32/TJ 57—2015)规定,10层以下房屋,经过抗震设防设计的工程,严格施工控制条件下的整体平移工程,可不做动力监测。目前业内建议对于10层以上的高层、高耸、大跨、平立面很不均匀的结构,应进行动力监测。

### 3.1.2 结构整体平移工程与顶升工程施工关键子技术异同点

如1.2.2节、3.1.1节所述,工程结构整体平移、顶升都属于工程结构移位技术的一种,其关键子技术组成总体一致,均包括8大技术:结构托换技术、移位轨道技术、支座支承技术、结构切割分离技术、同步位移控制技术、限位技术、就位连接技术和实时监测技术。但由于移位方向不同,移位方式和各关键技术从结构和设备选型、安全性(受力)分析与保障措施、施工技术要求方面存在差异,具体异同点参见表3-1。

结构整体平移工程与顶升工程施工关键子技术异同点比较　　表3-1

| 关键子技术 | 相同点 | 不同点 | |
|---|---|---|---|
| | | 顶升工程 | 平移工程 |
| 结构托换技术 | 均在被移位部分底部制作托盘,需考虑不利工况受力。均由柱托换节点、墙体托换梁和连系梁组成。在结构切割分离和就位连接后竖向荷载两次传力路线转换基本相同 | 构造:一些上部结构整体性较好的顶升工程中,可不增设连系梁。结构分析与构件截面设计:仅需要进行竖向荷载作用下内力计算 | 构造:连系梁必不可少,通常还需要根据结构特点和施加荷载要求增设水平支承或斜支承;竖向受力工况、水平受力工况都需要进行验算 |
| 移位轨道技术 | — | 不需要轨道 | 条形或筏形基础上铺设钢板或型钢作为轨道,移位过程中轨道沉降是必不可少的控制内容 |
| 支座支承技术 | 移位施加动力均需要加载用支承;结构大空间均设置刚度加固支承(如X斜支撑) | 需要顶升反力平台,且顶升过程中需要立柱支承和垫块 | 水平加载用固定和可移动反力支座;移动支座,有滚轴、滑块、SPMT模块动力车三种形式。下轨道或上托盘结构刚度较小时,应设置竖向调控不均匀沉降的悬浮千斤顶 |
| 结构切割分离技术 | 通常采用静力切割,就位连接时钢筋端部凿出,外露长度满足连接要求。当托换结构跨度较小时,可采用人工凿断 | 切除部位较少,有利于减少接高的工程量 | 切割面高程应注意前柱下方预留部分不要阻挡后方移动结构。空间狭小时,线切割锯为柱切割最适宜方式 |

续上表

| 关键子技术 | 相同点 | 不同点 | |
|---|---|---|---|
| | | 顶升工程 | 平移工程 |
| 同步位移控制技术 | 三种同步控制方式均适用；螺旋千斤顶组同步控制；液压动力设备、大刚度托换结构、力与位移双控分级加载组合；PLC液压同步控制系统；同步包括直线移位的线位移同步和旋转移位的角位移同步 | 组合同步控制方案中，整体或分区顶升合力与上部结构对应区域竖向荷载合力重合；移位动力施加包括顶升或提升两种方式，合力远大于平移；竖向旋转（调坡或纠偏）移位旋转角较小，通过增减楔形钢板调整方向 | 组合同步控制方案中，全部加载轴线或分组轴线水平动力合力与对应轴线摩擦反力作用线重合；移位动力施加包括顶推或牵引两种方式，力大小受于摩擦系数，移动过程中受轨道平整度和沉降影响而变化，最大不超过自重的15%；旋转平移中每行走一段距离，需调整反力支座位置和方向 |
| 限位技术 | 均需要控制水平位移 | 设置纵横向水平限位，避免对下部支承体系产生较大水平力，导致失稳，引发严重工程事故；同时控制竖向顶升方向，确保就位精度 | 设置与移动方向垂直方向的水平限位，避免脱轨和轨道局部受压破坏，导致事故；同时控制就位精度。竖向位移差通过增大地基、轨道、托盘结构刚度或设置悬浮千斤顶调控 |
| 就位连接技术 | 直接连接法中对接墙和柱总体构造相同。柱对接区域箍筋需加密 | 顶升后对接区域大，有足够操作空间；更换支座工程中，顶升后落回上部结构，连接构造同原支座连接结构。当柱对接区域位于受力较大截面时，常在连接后外围包钢或粘贴碳纤维加固 | 平移到位后对接施工空间不足，常采用直接连接+扩大截面法加固连接，或采用新增隔震支座连接方法，需另外进行隔震沟设计 |
| 实时监测技术 | 沉降、水平位移偏差、倾斜等结构姿态均需监测 | 纵横向水平位移均需监测，支承结构的稳定性和位移也需要监测，需巡视总体情况 | 沉降是首要监测指标，平移行程差、水平扭转（含垂直移动方向位移偏差）、轨道和上部结构开裂情况需监测 |

## 3.1.3 水平旋转平移路线选择

**1. 旋转与直线组合平移路线方案选择**

旋转与直线组合平移路线通常有三种方案：方案一为先旋转，再沿直线平移；方案二为先沿轴线平移，再旋转；方案三为一次大弧度旋转就位。以某不规则房屋水平旋转平移工程为例，三种方案的平移路线及优缺点列入表3-2中。

三种旋转与直线组合平移路线及优缺点　　表3-2

| 方案编号 | 一 | 二 | 三 |
|---|---|---|---|
| 平移路线示意图 | | | |
| 优点 | 总体技术难度低;可设置固定限位装置,脱轨风险小 | 总体技术难度最低;弧形旋转轨道为新建,原基础位置轨道沿轴线,施工便利。可设置固定限位装置,脱轨风险小 | 一次就位,移动过程无须调整,移动系统工期短;轨道施工较为便利 |
| 缺点 | 原基础弧形轨道施工受原基础干扰。从旋转平移转向直线平移,需二次托换,调整一次移动设备 | 需二次托换和设备转换 | 无固定旋转中心和强制限位装置,移动同步控制难度高,房屋脱轨风险较大 |

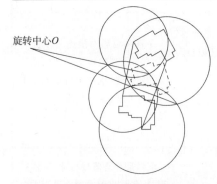

图3-8　一次旋转就位的旋转中心确定原理图

在有足够旋转平移经验的单位实施条件下,方案三无须进行多工况设计与多向移位设备系统配置,具有综合技术优势,因此,在同步位移控制技术成熟条件下,可优先选择方案三。

2. 一次旋转就位方案中的旋转中心的确定

选用方案三的平移路线时,旋转中心的确定十分重要。在新、旧址完全确定的条件下,在建筑物上任取两点,其移动轨迹的中垂线交点为旋转中心(图3-8),则平移轨道基本在原框架柱两侧,能够保证上部结构在整个平移过程中有更高的安全度。

## 3.2　平移工程实施

### 3.2.1　施工前的检测与方案设计

平移工程实施包括两个阶段:方案设计阶段和施工阶段。平移工程针对既有工程结构,准确了解其现状是合理设计的前提,因此检测内容也列入方案设计阶段。

1. 建筑结构的检测

检测的目的是明确建筑结构的健康状态,评估其是否满足安全平移要求,以及后期使用是否需要加固结构。对年代较久远的、无设计施工图的建筑结构,确定建筑结构的布局、尺寸、基础结构形式,为上托盘、下轨道的施工提供依据。

结构安全隐患也是平移工程设计前的重要检测内容。

当检测发现结构安全性不满足整体平移要求时,应先加固再平移。当结构现状满足平移要求,但不满足后期使用情况验算时,显然应该先平移再加固。平移设计与施工方案编制时,应根据工期、成本、后期空间改造和装饰装修需求等综合确定平移和加固的先后顺序。

2. 建筑物荷载与动力计算

自上而下地将建筑物的荷载计算分布至建筑结构的柱、墙基础预计断开的位置,从而进行上托盘、移动支座、下轨道的受力计算和结构设计。

平移工况的竖向荷载通常按以下原则取值:①恒载根据现场调查取值,装修等也列入恒载;也可将现场与竣工图对照,一致时可按竣工图进行计算。②楼面活载包括家具和平移工程实施时的人员、设备等,按实际荷载取值;平移工程实施时,不正常使用的活载可取等效均布活载 0.5kPa。③恒载的分项系数可取 1.1~1.2,活载的分项系数可取 1.0。

水平动力是进行上托盘水平受力分析和移动设备选择的基础。设计顶推力在滚动和滑动系统中,通常分别取上部结构总重的 10%、15% 计算。采用非常规轨道、滚轴或滑动摩擦副材料时,应进行摩擦反力试验。现场摩擦反力系数应考虑把试验室中测试数值放大 1.5 倍(现场轨道平整度和积灰等因素导致摩擦系数放大)。

对于有倾覆影响的高耸结构,或牌楼等高宽比很大的结构,应进行平移过程中风载、地震作用下的抗倾覆验算,此时风载和地震作用大小及分项系数按现行荷载规范和结构设计规范的规定取值,恒载、楼面活载分项系数均取 1.0。

平移工程方案设计中,除了进行平移工况结构分析外,还应进行平移到位后结构服役工况计算分析,分析时荷载按现行结构设计规范取值。

3. 上托盘设计计算

上托盘设计包括三大部分:墙体托换梁设计、柱托换节点设计和上托盘整体分析。墙柱、托换结构设计按相应的力学模式(依据现行规范或具有足够试验依据的研究论文方法)计算出抱柱结构、夹墙梁结构的结构尺寸和钢筋配置。设计计算中,托换结构可能出现多种破坏模式,包括托换梁和墙、柱界面剪切滑移破坏,托换梁弯曲破坏,托换梁剪切破坏等,需要分别计算。墙体托换梁可以考虑按墙梁设计。

系梁结构尺寸及配筋构造、托换梁的水平抗弯钢筋根据水平动力荷载作用下上托盘结构整体分析确定。上托盘结构简化为在水平顶推力和作用于各移动支座部位的摩擦力作用下的平衡力系,在内力分析(图 3-4)后进行杆件设计。分析平衡力系时,应考虑个别轴线千斤顶故障引起的动力不平衡工况,即进行多工况(考虑荷载不利组合作用下的工况)结构承载力和刚度验算。故障不利工况可取某些轴线顶推力减小 50% 进行结构分析。

图3-9 步履式移动支座

近几年来,除了使用SPMT模块运输车运输建筑物外,移位移动支座还出现了步履式移动支座(图3-9)。使用步履式移动支座的工程,支座部位实现动力和摩擦反力平衡,托换梁及连系梁受力大为降低,可不进行托换结构水平不利工况分析。

4. 下轨道和新基础设计计算

新址处地基基础原则上按原址基础形式和承载力标准设计,但轨道的存在大大增强了新基础的刚度和增加了基底接触面积,因此,考虑轨道的有利作用,选择合理的新基础形式可以节省工程成本。

新、旧址之间的过渡段地基受到临时荷载作用,承载力可适当提高(可考虑提高1.1~1.2倍),这样当建筑物的一部分移出原基础之外时,很容易出现较大的沉降差,导致房屋开裂。因此,紧临原基础和新基础的轨道段应采取必要的防沉降差措施,如基底局部加宽或局部增设短桩,打入间距逐渐增大的短桩等。

对于桩基础建筑物,轨道下方通常也需要采用桩基才能满足承载力要求。

5. 移动支座布置设计计算

移动支座的设计原则(在上托盘设计时就需考虑的)是:一条平移轴线上的各支座反力基本均衡。由于建筑物的各柱轴力大小不一,如根据单个支座设计承载力大小选择每柱支座数量或墙下的移动支座数量,则可能导致轨道受力不均匀。如果在上托盘下方均匀布置移动支座,则要求上托盘的刚度很大;同时当上部结构不规则时,轨道受力也不均匀。因此需要综合考虑轨道、上托盘刚度进行移动支座布置。

6. 平移顶推设备配置

平移顶推设备主要有顶推千斤顶(或张拉千斤顶)、液压泵站、PLC液压同步控制系统、位移传感器、顶推垫块(或张拉用钢绞线)等。

千斤顶的配置数量需满足水平动力的要求,其吨位计算按各顶推点对应的滑移支座摩擦阻力考虑不小于1.5倍的安全系数,数量按各轴动力加载点所需推力大小和布置空间配置。液压泵站按位移控制点数量配置(2点式、4点式)。顶推垫块按顶进长度总和和顶力大小配置。一栋建筑一般配置一套PLC液压同步控制系统。位移传感器数量与平移动力加载点数相对应。

## 3.2.2 施工阶段主要内容

1. 上托盘、下轨道的施工

上托盘、下轨道按先下后上的顺序组织施工。

新增结构和原结构接触连接时,应进行界面处理,采用凿毛或植筋等方法,处理质量应根据设计要求验收后方可进行下一道工序施工。植筋工序和质量检验应满足现行相关技术标准。

下轨道与限位装置、反力后背、锚固装置等同步施工。

滚动移动工程中为避免滚轴下部应力集中损伤轨道梁表面,滑动平移工程中为减小摩擦系数,均需要在下轨道梁表面铺设轨道板。轨道板有钢板和钢轨两种。

滑动平移工程中,安装钢轨作为下滑面的优点是可以在移动支座处安装型钢扣在钢轨上,同时还能实现限制侧向位移功能。一些工程中,使用了钢轨夹持器作为可移动的顶推后背,顶推千斤顶每一次行程完成后放松钢轨夹持器后背,千斤顶收油带动后背前行至收油完成再夹紧钢轨夹持器,使其再次成为顶推后背进行下一循环顶推(这是一项专利技术)。其优势是不需要顶铁、钢支承,顶推效率高,不需要考虑每次顶推时顶铁的弹性压缩量产生的误差。

过渡段下轨道下部可不设素混凝土垫层,但下部地基土应夯实找平。

2. 移动支座和动力设备安装

对于有悬浮千斤顶的移动支座,在上托盘结构和下轨道施工完成后,直接定位安装即可。

没有悬浮千斤顶的移动支座,有两种安装方式:第一种是在下轨道完成之后,浇筑上托换梁之前,定位摆放,上部铺设钢板作为上托换梁的局部底模板,柱、墙切割后,荷载自动转换至移动支座上。第二种是上托盘和下轨道施工完成后,用临时千斤顶将上托换梁局部顶起1~2mm,安装移动支座后移除临时千斤顶。

动力设备主要包括动力千斤顶、可动反力后背、顶推垫块、牵引钢索等。一次摆放到预定位置后,启动千斤顶,施加微小压力,避免碰撞错位。为增强千斤顶的稳定性,可设置千斤顶安放支座。

3. 切割断开原结构

上托盘和下轨道施工完成并达到设计承载能力(混凝土达到养护强度)后即可进行结构切割分离。采用静力切割设备(取芯机、轮片切割机、金刚石线锯切割等)断开原结构柱、墙。断开的位置应预留足够间隙,避免因切割面高程误差导致平移过程中出现碰撞,同时保证柱底钢筋能够凿出足够外伸长度,与新基础预埋钢筋连接时焊接长度足够。

4. 试平移和正式平移

平移过程是在PLC液压同步控制系统给出位移指令后,液压系统逐级加载至设计液压力,千斤顶组同步推或拉,作用于上托盘,带动上部结构整体移动。

平移工程中需在PLC液压同步控制系统中设置两个位移参量:一次行程位移量和位移允许误差。试平移时,目标行程位移量通常设置为5~10mm;正式平移时,一次行程位移量通常被确定为所选用千斤顶额定行程减少3~10cm。位移允许误差通常设定为不超过1mm。

设定一次行程位移量后,PLC液压同步控制系统下达指令,各动力加载点千斤顶启动,动力逐渐增加,当总推力超过上部结构受到的总水平摩擦反力时,建筑物开始移动。

PLC液压同步控制系统的位移反馈设定一个位移采样频率,每进行一次位移采样,系统自动进行位移差计算和判别,当某轴线位移超过其他轴线行程1mm时,系统关闭对应千斤顶进油阀,此时该千斤顶油压还在保持,但由于不进油,位移不再增加。待其他轴线位移与其持平或反超时,打开该千斤顶进油阀,继续同步移动。

各点位移达到一个设计行程后,暂停加载,收顶添加垫块后,再给出下一个位移指令,如此循环操作,直至平移就位。

平移过程中随时监测房屋整体姿态,包括竖向倾斜(沉降)和横向位移偏差(行程差引起),发现超限后可通过设定各轴不同位移值加以调整。如就位后横向超过规范允许偏差(不大于10mm),可横向顶推调整。

5. 连接、恢复

建筑物平移到达新基础预定位置后,即可凿除上托盘下的柱、墙混凝土,清凿出连接钢筋,与新址处柱、墙预留钢筋连接。连接可采用钢筋挤压套筒连接或焊接;连接混凝土采用自密实无收缩混凝土,混凝土强度等级应比原柱、墙混凝土高一个等级。

由于平移工程中钢筋混凝土柱中纵筋在同一截面切断,直接连接可能不满足抗震设计要求,因此平移工程就位连接应满足下列规定:

(1)当上托盘结构可作为永久结构存在,从托换梁顶面起算的纵筋锚固长度满足抗震工程钢筋锚固长度要求时,直接浇筑混凝土连接即可。

(2)当上托盘结构可作为永久结构存在,从托换梁顶面起算的纵筋锚固长度不满足抗震工程钢筋锚固长度要求时,钢筋必须接长。

(3)当上托盘结构影响平移后使用空间,需要拆除时,钢筋除满足焊接搭接长度或采用套筒连接外,连接区段内还应该采取附加加固措施,比如外加套箍,增强纵筋锚固能力。

(4)当上托盘和下轨道间没有足够的连接操作空间时,可扩大柱根部连接范围,增加附加钢筋将上托盘和新基础连接牢固。

(5)当需要提高平移后建筑物的抗震性能时,可以采用滑移隔震支座或橡胶隔震支座。选用隔震连接方案,房屋四周应设置隔震沟,以保证地震发生时上部结构有自由位移空间。

连接完成待混凝土强度达到设计强度后,拆除支座、超出地面的上托盘和下轨道等临时结构,恢复地面和水电管线等。

## 3.3 平移工程施工过程质量控制

### 3.3.1 控制指标

控制指标主要是指平移施工过程中确保结构安全和工程顺利进行的关键物理量,包括结构切割分离时结构的竖向位移及不同点位的位移差、平移过程中水平动力变化、各轴行程及位移同步误差、各移动支座的竖向位移(高程差,超限时可采用液压悬浮式支座自动调整)、平移过程中和就位时的横向位置误差、建筑物倾斜率等。对于一些对振动敏感的高层、大跨或平、立面不规则的结构,移动过程中的振动加速度也是重要的监控指标。

平移过程中的内力变化是由结构变形引起的,结构变形必须控制在结构许可变形值范围内。结构许可变形值一般由结构内力和变形分析确定。

平移工程中的结构许可变形值通常按以下标准进行控制。

(1)切割分离原结构时产生的差异沉降限值一般取1~2mm,或按设计要求。

(2)结构物在平移过程中产生的沉降差一般按小于相邻测点间距的1/1000进行控制,同时控制房屋倾斜率不大于2‰。

(3)由于顶推力不均衡,结构物在平移过程中产生的不同步位移差,一般按1~2mm控制。

(4)原结构与新址基础的连接过程中,结构物不均匀沉降差控制在1mm以内。

(5)结构就位连接位置偏差,按纵横向偏差不大于10mm控制。

(6)对于经过抗震设防的建筑物,移动过程中的振动加速度按比当地抗震设防烈度低一度的地震影响系数进行控制;对于未经过抗震设防的建筑物,移动过程中的振动加速度按不大于$10^{-4}$m/s$^2$控制(重型载货汽车经过引起的地面振动)。研究表明,10层以下的经过抗震设防的建筑物可不进行振动加速度监测。

### 3.3.2 关键施工工序的质量控制

除常规的施工测量、原材料质量、钢结构安装与连接、混凝土浇筑过程质量控制外,建筑物整体平移工程中一些专有关键部位的质量把控更为重要,直接关系整个平移工程的完工。

(1)新旧混凝土界面处理质量。界面处理质量好坏关系托换结构能否满足荷载传递需求,界面粗糙度越大,界面受剪承载能力越高。设计方案中应对凿毛凹凸深度做出明确要求,施工过程中界面凿毛后应对粗糙度进行严格验收,满足要求后方可进行抱柱梁浇筑。当界面有植筋时,按照相关规范执行。

(2)在建筑物上部结构与基础切割分离前,应采取措施将移动支座与上托盘、下轨道相互顶紧,常用方法是用千斤顶作为移动支座安装时的辅助设备。对于滑动平移,设置悬浮千斤顶是最有效的手段,将千斤顶加压至设计荷载的80%~90%,然后进行切割作业,可有效控制切割工序产生的沉降和沉降差。

(3)顶推平移施工时,顶推力、位移可通过PLC液压同步控制系统的控制软件和控制界面实时调整,并通过拉线式(或红外线式)位移传感器进行精确控制。当不采用PLC液压同步控制系统而采用人工加载同步控制时,分级加荷、控制平移速度有助于减小偏差,出现动力与位移偏差后可依靠顶推力调整和限位进行控制。

(4)平移过程中横向位移偏差控制主要依靠横向限位或通过顶升力调整。

(5)平移过程中的轨道沉降主要在设计阶段进行控制,通过合理的截面设计(截面形状、尺寸选择和合理配筋,增加轨道高度,扩大基底面积是有效手段)、适当的地基处理限制最大沉降。在施工阶段控制轨道施工质量即可。

当滑动平移工程中产生显著的沉降差时,采用悬浮千斤顶可保证上托盘高程基本不变。

(6)平移过程中为减小移动设备故障概率,或减少故障对工程安全的影响,采取的措施包括:油泵和千斤顶油压不要过大;牵引钢索拉应力不能太大;顶推垫块不宜过多,并设置增强稳定性的约束措施;反力支座保证具有足够的承载力。

(7)当平移轨道上表面不平整,误差较大时,可以用1:3干硬性水泥砂浆找平(强度能够达到30~40MPa);当误差在5mm以内时,铺设粉细砂。表面找平处理后上面铺设钢板或型钢轨道。

(8)就位位置偏差在移动过程中要随时调整,避免过大。到达新址时仍超限的,采用液压千斤顶施加顶推力调整,此时反力支座应备用可安装的钢支座。

(9)全过程的静动态实时监测和数据的及时分析反馈是必要措施。

(10)明确分项工程验收标准。

上一工序质量检验验收后,方可进行下一工序施工。

对于有相关规范的工序和施工内容,按现行技术标准进行验收。没有相关规范规定的,按设计要求进行验收。

## 3.4 建筑物平移施工案例
——当涂水建疏浚公司办公楼平移工程

建筑物整体平移施工方案的内容包括工程概况、方案编制依据及原则、总体设计方案、主要工序与施工要点、监测方案、施工过程中的应急预案、现场布置、施工人员与机械设备配置、施工进度计划、现场能源配备安排、安全文明保障措施等。现场布置、施工进度、能源配备、安全文明施工等为施工组织设计常规内容,本书略。

### 3.4.1 工程概况

1. 建筑概况

当涂水建疏浚公司办公楼为5层钢筋混凝土框架结构(不含地下室),建筑物柱中心线长40.8m,宽9m,建筑总面积约2500m²。横向共13道轴线,2轴与3轴、7轴与8轴的间距为3m,1轴与2轴、6轴与7轴的间距为3.8m,其余各轴的间距均为3.4m。纵向有3条轴线,其中A、B轴间距为1.5m,B、C轴间距为7.5m。估算平移总质量约为4000t。

当涂水建疏浚公司办公楼平移前外观如图3-10所示。

图3-10 当涂水建疏浚公司办公楼平移前外观照片

2. 基础概况

原大楼采用整体筏形基础,各柱间由系梁进行连接,基底埋深-3.3m,下部为10cm厚素混凝土垫层。基础平面如图3-11所示。

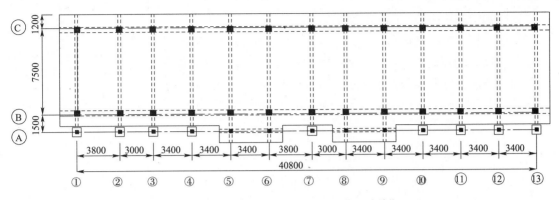

图 3-11 当涂水建疏浚公司办公楼基础平面图（尺寸单位：mm）

**3. 结构概况**

该建筑为 5 层钢筋混凝土框架结构，图纸显示共计有 39 根柱，横截面尺寸有两种，分别为 300mm×300mm（编号 Z1）、400mm×500mm（编号 Z2）。

**4. 地质概况**

1）场地地形、地貌

勘察场地地势较平坦。从地貌上分析，场地属于长江冲积平原相，地层属长江平原相沉积物。

2）环境工程地质条件

拟建场地位于原大楼西侧，平移后东距原大楼位置 16.0m。工程施工对周围环境影响较小。

3）场地地层分布

经钻探揭露，该场地土层由填土层和第四系全新统冲积层组成。现将各土层分述如下：

(1) 填土层（$Q^{ml}$）（层号为①）。

灰褐色，呈湿-饱和、松散状态，上部为碎石垫层，约 0.6m 厚，下部含螺栓壳等。以粉质黏土为主。该层厚 1.10~2.10m，层底高程为 6.18~6.93m。场地内普遍分布。

(2) 第四系全新统冲积层（$Q_4^{al}$）。

该层分为以下四个亚层：

① 软塑状态粉质黏土层（层号为②）。

褐黄-灰色，呈饱和、软塑状态，含少量铁锰结核斑点。土切面稍光滑，干强度中等，韧性中等。该层厚 1.30~2.10m，层底高程为 4.32~5.43m。场地内普遍分布。

② 稍密状态粉土层（层号为③）。

灰色，呈饱和、稍密状态，含少量云母碎片，夹粉砂。层理明显，摇振反应迅速，干强度低，韧性低。该层厚 4.50~5.30m，层底高程为 -0.18~0.32m。场地内普遍分布。

③ 稍中密状态粉砂层（层号为④）。

灰色，呈饱和、稍密状态，含大量云母碎片，矿物成分为石英砂岩，夹粉土。摇振反应迅速。该层厚 8.80~9.20m，层底高程为 -9.07~-8.48m。场地内普遍分布。

④中密状态粉细砂层(层号为⑤)。

灰色,呈饱和、中密状态,含大量云母碎片,矿物成分为石英砂岩,夹薄层粉质黏土。该层较厚,本次勘探未钻穿,最大控制深度为11.20m。场地内普遍分布。

地质剖面参见图3-12。各层承载力特征值列入表3-3中。

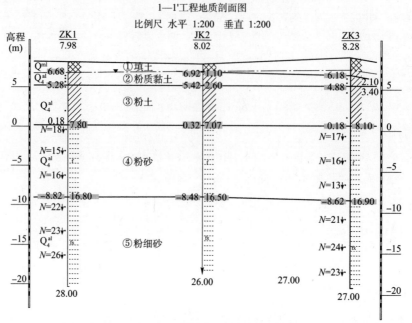

图3-12 当涂水建疏浚公司办公楼地质剖面图

N-贯入度

各层承载力特征值　　　　　　表3-3

| 层号 | 土层名称 | 土工试验(kPa) | 静力触探(kPa) | 标贯试验(kPa) | 推荐值(kPa) |
|---|---|---|---|---|---|
| ② | 粉质黏土 | 103.5 | 104.8 | — | 100 |
| ③ | 粉土 | 106.6 | 106.9 | — | 100 |
| ④ | 粉砂 | — | 167.5 | 152.2 | 150 |
| ⑤ | 粉细砂 | — | 191.4 | 182.6 | 180 |

5. 平移改造要求

由于当涂县道路改造,当涂水建疏浚公司办公楼拟往后平移约25m。

### 3.4.2　方案编制依据及原则

1. 编制依据

(1)业主提供的施工图、迁移规划方案、地质勘查报告、施工技术资料;

(2)现场调查情况;

(3)现行地基基础、地基处理、混凝土结构、钢结构设计与施工验收相关规范;

(4)现行关于建筑物整体移位、加固改造相关规范;

(5)有关结构设计软件、结构分析软件说明书、参考书。

2. 编制原则

本方案基于以下原则进行总体设计：

(1) 根据业主要求，房屋二楼以上施工期间正常使用；在房屋施工期间和平移完成以后，确保房屋、附属设施及人员的安全。

(2) 不改变房屋的结构、高程，保持首层原有的室内净高。

(3) 不降低房屋的抗震性能。

(4) 合理的性价比和较短工期。

### 3.4.3 总体设计方案

1. 平移方案的基本思路

平移方案的基本思路如下：①托换结构采用钢筋混凝土水平框架形式，上皮高程在原室内地坪以下，移位后保留，不占用使用净空。②沿平移方向制作下轨道，新址基础采用与旧址相同的筏形基础。③新、旧基础基底高程相同，由于旧基础持力层局部为软塑状态粉质黏土层，不能作为天然地基持力层，因此在开挖处要进行局部换填。④移动支座采用移动支座。⑤移位动力系统采用顶推系统、PLC 液压同步控制系统进行同步控制。⑥上部结构和基础切割分离方法为：柱采用金刚石线锯切割，墙体采用风镐切割。⑦就位连接采用常规连接方法。⑧为加快施工进度，室内、室外同时施工，分区、分工序流水作业；室外先进行土方开挖，然后施工过渡段、新址基础和下轨道；室内先进行土方开挖，施工下轨道，然后施工托换梁，下轨道分段对称施工。

由于本项目柱轴力不大，最大柱轴力不超过 100kN，因此柱托换节点中新旧混凝土界面仅需凿毛，无须植筋。移动过程中沉降和沉降差较小，采用无沉降差调整功能的滑脚。同时由于移动距离仅 25m，移动过程中滑脚损坏概率小，因此采用和上托盘固定连接的滑脚，就位后直接作为支承，不取出。

2. 施工总流程图

施工总流程图如图 3-13 所示。

### 3.4.4 主要工序与施工要点

1. 土方开挖及地基处理

室内采用人工开挖，间隔对称分区进行。室外采用机械开挖，人工配合清底。四周设排水沟及集水坑，以便及时排出地表及地下水，四周地面设截水沟以截断地表水。

地基处理：软塑状态粉质黏土层厚度为 1.3～2.1m，开挖深度较大，开挖后若为杂填层或软塑状态粉质黏土层则进行换填，换填材料采用石屑。

2. 上托盘体系施工

(1) 上托盘结构构造与施工流程。

上托盘结构由抱柱梁、夹墙梁、连系梁等组成，其中，抱柱梁尺寸为 250mm×500mm；纵、横向夹墙梁和连系梁尺寸均为 250mm×300mm，其中横向夹墙梁为上滑梁。平面图如图 3-14 所示。

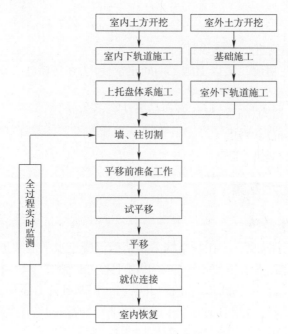

图 3-13 施工总流程图

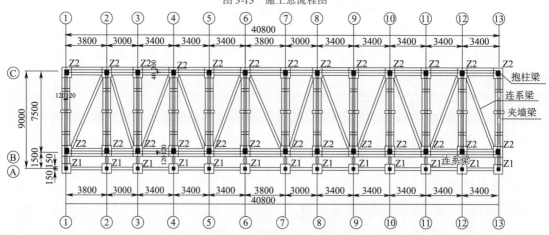

图 3-14 当涂水建疏浚公司办公楼平移托换结构平面图(尺寸单位:mm)

其施工流程为:测量放线→柱托换结构高程范围内表面凿毛→墙体凿毛、凿洞→绑扎托换结构钢筋→下轨道钢板铺设与滑脚摆放到位→托换结构模板支设→浇筑混凝土→养护→拆模。

按照本方案,当墙、柱与原基础切割分离后,上部结构荷载自动通过托换结构转移到移动支座滑脚,然后传递给轨道和地基。

(2)施工方法。

上托盘体系施工在下滑梁施工完成后进行。

上滑梁梁顶相对高程为 −2.000m,抱柱梁上皮高程为 −1.800m,混凝土标号选用 C30。测量放线后,首先对托换梁范围内柱表面凿毛。

本项目滑脚采用钢筋混凝土制作,与上滑梁同时浇筑。布置位置为:A 轴柱轴力较小

(柱截面300mm×300mm,编号Z1),每柱对称设置2个滑脚;B、C轴柱(柱截面400mm×500mm,编号Z2),每柱设置4个滑脚,于抱柱节点四角下各设置1个。累计设置滑脚130个。

夹墙梁布置在墙两侧,夹墙梁施工时按轴线间隔分批进行。

(3)施工要点。

①柱表面可采用人工或机械凿毛,凿毛范围应覆盖新旧混凝土界面全表面,控制凹凸深度为6~10mm。

②夹墙梁及上滑梁施工(图3-15)时应将砖墙表面凿毛清理并冲洗干净,墙体灰缝凿深不应小于6mm;夹墙梁中间设置拉梁,墙体凿洞时断面略大于设计拉梁的横截面,凿毛后应保证墙洞周围的砖块不松动。

图3-15 上滑梁施工

③滑脚及预埋件安装时在混凝土滑脚下部预埋钢板,钢板下粘贴聚四氟乙烯板或不锈钢板,与下轨道钢板间要抹一层润滑脂。安装要保证滑脚下部钢板水平,中心线定位误差在5mm以内。

3. 下滑梁施工

(1)下滑梁形式。

下滑梁按位置可分为原址下滑梁、过渡段下滑梁和新址段下滑梁。本工程要进行向后平移,平移时布置13条双滑梁。下滑梁顶面找平后铺宽200mm、厚10mm钢板。

下滑梁的刚度和平整度是保证平移顺利进行的关键。本工程下滑梁采用钢筋混凝土双肋条形基础梁(图3-16),其中肋梁断面尺寸为300mm×750mm,基础板厚300mm。混凝土强度等级为C30。

(2)下滑梁施工流程。

下滑梁施工在土方开挖后进行。室内和室外施工环境条件不同,下滑梁的施工内容和方法也不相同。

原址下滑梁施工流程为:测量放线→挖土(室内)→墙体凿毛、开洞→底部打垫层→绑扎钢筋→支模→抄高程→浇筑混凝土→养护→拆模→混凝土顶部砂浆找平→铺设钢板。

过渡段下滑梁施工流程中则无墙体凿毛、开洞工序。

至新址段,则直接施工筏板,对应轨道位置上表面找平、铺设钢板。

(3)施工要点。

①土方开挖前应检查定位放线,合理安排行走路线及弃土场位置,基坑的挖土应分层进行,挖土时不应松动底部非开挖土层。

②下轨道施工前要对结合部位的原砖墙基础进行凿毛,并用水冲刷干净,以利于混凝土良好结合。本项目为横向平移工程,在纵向托换梁上需开洞,以便下滑梁肋梁穿过。底板连接则直接凿开原筏形基础端部,钢筋与轨道板钢筋焊接连接。

③轨道混凝土浇筑时,距设计顶面高程预留2~3cm,采用1:2水泥砂浆找平,平整度要求为±1.0mm。

图 3-16　平移工程中的双肋条形基础梁

④滑道顶面铺 8～10mm 厚钢板(注:对于平移荷载较大工程,钢板通常选用 16～20mm,或铺设槽钢、组合轨道等)。钢板接头之间预留 3～5mm 间隙,端部呈楔形。平移时后方的钢板在滑动摩擦力挤压下向前蠕动,其前端和相邻的钢板端部交叠搭接。

4. 移动系统施工

1) 反力后背

平移过程中反力后背为千斤顶提供反力,形式参见图 1-27。在下滑梁起始端部设钢筋混凝土固定后背,和下滑梁一体浇筑。在平移过程中采用可移动钢结构后背。按照钢结构反力后背设计方案,在滑道上预埋螺栓套筒,位置对应钢结构反力后背底板上的螺栓孔。当建筑物移动至该反力后背前方且净距大于顶推千斤顶长度时,将钢反力后背对中就位,将螺杆下端旋入预埋的螺栓套筒内,上部用螺母拧紧固定。

2) 移动支座

移动支座采用钢筋混凝土立方体滑脚,和上托盘浇筑连接为一体。施工过程分为三大步:①预制钢筋混凝土滑脚。将 10mm 厚钢板按设计尺寸 200mm×200mm 下料,上部焊接锚固钢筋不少于 4 根,下部粘贴聚四氟乙烯板,然后钢板上方绑扎滑脚钢筋笼或直接焊接方钢管、支模浇筑滑脚混凝土,高度 100～200mm。滑脚内钢筋上部应伸出滑脚上表面不小于 50mm。②预制滑脚就位。下滑梁上表面用水泥砂浆找平后铺设 8～10mm 厚钢板,上部涂抹润滑脂,然后将预制滑脚按设计摆放就位。③和上托盘混凝土一体浇筑,牢固连接。绑扎上托盘钢筋、支模,浇筑混凝土,滑脚中伸出的钢筋锚固在上托换梁中。

注:本工程中采用的固定滑动支座形式成本低,就位后不拆除。该形式仅适用于体量较小、托换荷载小、移动距离不长的平移工程,此类工程中移动支座几乎不损坏,无须更换。

3) 平移动力千斤顶布置

通过计算,总平移质量约为4000t,滑动摩擦系数为0.1,设计总顶推力为4000t×0.1=400t。

本次平移过程中总共布置7台100t千斤顶,顶推力可达到700t,其安全储备系数为1.75。千斤顶最大行程1500mm,专门为平移工程定制。千斤顶工作过程如图3-17所示。

4) 同步控制系统

本工程采用PLC液压同步控制系统进行位移同步控制(图3-18),系统技术参数见表3-4。

图3-17 专用大行程千斤顶顶推平移过程

图3-18 RBST多点同步顶升控制液压系统与拉线式位移传感器

顶升平移系统主要技术参数　　　　表3-4

| 一般要求 | | 顶升平移装置 | | 操纵与检测 | |
| --- | --- | --- | --- | --- | --- |
| 液压系统工作压力 | 31.5MPa | 顶推缸推力 | 100t | 常用操纵 | 按钮方式 |
| 尖峰压力 | 70.0MPa | 顶推缸行程 | 1000mm | 人机界面 | 触摸屏 |
| 工作介质 | ISOVG46#抗磨液压油 | 偏载能力 | ±3° | 位移检测 | 位移传感器 |
| 同步控制精度 | ≤±0.5mm | 顶推缸最小高度 | 1200mm | 分辨率 | 0.01mm |
| 供电电源电压 | AC380V/50Hz,三相五线制 | 最大顶升速度 | 5mm/min | 压力检测 | 压力传感器,精度0.5% |
| 功率 | 40kW(MAX) | 组内顶升缸控制形式 | 压力闭环控制,压力控制精度不大于5% | 常用操纵 | 按钮方式 |
| 运转率 | 24h连续工作制 | 组与组间控制形式 | 位置闭环控制,同步精度±2.0mm | 人机界面 | 触摸屏 |

为保证位移同步,平移时用拉线式位移传感器作为同步控制装置配套位移反馈测量仪器,拉线式位移传感器量程为1m,每组设1台,平移时共设7台。拉线式位移传感器固

定于下滑梁上,读数头固定在上滑梁上;每走完一个行程,将拉线式位移传感器卸下后向前移。

5. 整体平移

(1) 试平移。

为了观察和考核整个平移施工系统的工作状态和可靠性,在正式平移之前,按下列程序进行试平移:

①检查各项准备工作是否已完成,是否具备试平移的条件;

②按计算推力分级进行平移动力加载;

③平移速度控制在3~5mm/min,最大不超过10mm/min;

④试平移过程中做好观察、测量、校核、分析等工作;

⑤试平移距离不宜过长,宜控制在20~30cm以内,避免在存在问题的状态下过大偏离旧基础;

⑥试平移结束后,记录各轴平移推力、基础沉降、整体姿态、结构变形等情况,并检验系统的纠偏效果,为正式平移提供依据。

(2) 正式平移。

试平移后,观察若无问题,进行正式平移。正式平移和试平移相比,区别是每个行程结束后,需要进行反力后背、垫块、千斤顶位置的调整,同时对设备系统稳定性、房屋姿态、房屋安全性进行全面监测,发现问题及时上报给现场技术领导小组进行分析调控,必要时通知设计人员。

在装置设备调整过程中,由于这些设备大多是自重较大的钢构件,而轨道区域地面平整度差,搬运过程中应确保施工安全。

正式平移中应进行以下项目的监测:①轨道沉降量及沉降差;②各轴行程、行程差(沿行走方向);③竖向倾斜与水平偏转,包括横向位移偏差;④原结构、托换梁、下滑梁的裂缝变形情况。

6. 就位连接与室内恢复

建筑物平移到位后,将上抱柱梁四周的混凝土保护层凿除,沿竖向主筋方向在下滑梁相应位置进行钻孔,将钢筋插入孔中,上侧与上抱柱梁内钢筋进行焊接,下侧注胶锚固。钢筋施工完毕后,安装模板浇筑混凝土,混凝土采用细石微膨胀混凝土。

柱子连接完毕后,进行室内恢复工作。

水电管线改造与连接由专门技术人员进行。

### 3.4.5 监测方案

1. 监测目的

监测目的略。

2. 监测内容

监测内容分施工前和施工过程两个阶段论述。

(1) 施工前监测。

主要是对各监测点取得的各项监测参数的初值进行监测。如房屋原有裂缝情况、倾斜情况、沉降观测点高程等。

(2) 施工过程监测。

施工过程监测主要包括4个方面：

①位移累计量监测。采用在下滑梁上固定钢尺、上滑梁上固定指针的方式进行监测。每3~5m行程进行一次巡视观察，每天至少统计记录1次；若巡视发现异常则增加记录次数。

②房屋裂缝监测。在施工过程中安排专人进行原裂缝检查工作，检查原裂缝有无增大、变长情况；观察平移受力较大部位，如门窗洞口、首层受拉部位是否出现新的裂缝。

③房屋与轨道沉降监测。结合水准仪或全站仪进行房屋与轨道沉降监测。每移动3~5m巡视一次，当天平移施工完毕后进行高程观测、记录，并与前一天数值相比较；若巡视发现沉降接近预测值则增加记录次数。

沉降监测步骤如下：

a. 在工程开始前即进行高程测试两次，作为基础数据；

b. 在地基开挖施工及上、下滑梁施工过程中进行沉降测试；

c. 在基础切断施工过程中进行沉降测试；

d. 在基础切断施工完成后平移开始前，测试两次；

e. 在平移过程中进行连续监测；

f. 在结构就位后，按现行规范《建筑变形测量规范》(JGT 8—2016)中新建建筑物沉降观测要求观测，直至沉降稳定。

④房屋水平扭转偏移监测。在1号及13号上下滑道的中心位置平移前设置监测点，每次千斤顶倒顶施工时进行监测，发现偏移超限后及时调整。

其中，房屋沉降和姿态是安全控制的核心指标，测点数量、报警值和仪器设备参见表3-5。

监测内容与相关参数　　　　　表3-5

| 监测内容 | 测点位置 | 测点数量 | 报警值 | 仪器设备 |
| --- | --- | --- | --- | --- |
| 沉降与沉降差 | 房屋四角与中间轴 | 2~8 | 相邻点距离的1‰ | 水准仪、全站仪等 |
| 垂直度 | 房屋立面四角或设定轴 | 4~8 | 垂直度变化0.2% | 经纬仪或全站仪 |
| 行程差 | 各轴线 | 轴线数 | 1~3mm | PLC液压同步控制系统 |
| 水平扭转偏移 | 房屋端轴、中间轴 | 2~3 | 轨道板宽度的1/3,60mm | 指针和直尺 |

## 3.4.6　施工过程中的应急预案

建筑物整体平移工程作为具有较高风险的工程，对施工中可能出现各种技术问题，应进行预测，并做好应急预案。

根据本项目的施工特点及以往的施工经验，针对可能出现的问题制订如下应急措施：

（1）成立以项目经理为首，由建筑、结构、液压、计算机等方面的专家及经验丰富的技术人员组成的应急领导小组，专人值班，在紧急情况下可以随时启动应急程序。

（2）当监测部位的结构变形超过预警值时，立即停止工作，检查原因，并上报应急领导小组，迅速采取应对措施，并继续跟踪监测。

（3）上、下滑梁施工时结构变形开裂。立即停止施工，上报应急领导小组，组成有关人员对出现的异常情况进行评价分析，查找原因，根据评价结果采取相应的处理措施，同时加强监测。

（4）平移时产生明显不均匀沉降。检查上、下滑梁体系有无变形开裂及建筑物结构有无变形开裂，及时采取地基加固措施。最常用的是锚杆静压桩方案。

（5）平移过程中偏向。本方案采用了计算机控制的同步顶推系统，并由拉线式位移传感器精测各点位移。当发生偏向并超出允许范围时，应检查测距系统的工作情况，电线及信号线是否连通，并由另一套位移测量系统进行复核。设备检查调试完成后，调整行程落后的轴线的移位速度，直至该点目标位移达到偏差允许范围。

（6）平移动力系统发生故障，如漏油等。停止施工，立即由专业工程师对系统进行检查，尽快进行维修或设备更换。现场应有足够的备品、备件。

### 3.4.7 施工人员与机械设备配置

1. 人员配备

1) 现场管理组织机构

组建施工经验丰富、强有力的领导班子，聘请有关专家、学者担任本项目高级顾问，组织有经验的管理、技术人员和技术工人参加本工程的施工。项目现场管理组织机构如图 3-19 所示。

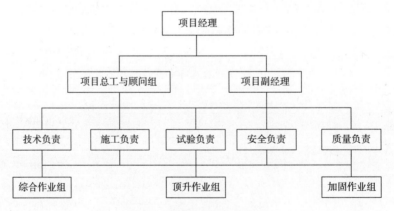

图 3-19 项目现场管理组织机构图

2) 劳力安排

施工高峰期安排 30 人，其中技工 20 人，普工 10 人。

2. 主要施工设备

本项目主要施工设备如表 3-6 所示。

主要施工设备表 表 3-6

| 序号 | 设备名称 | 型号 | 单位 | 数量 |
|---|---|---|---|---|
| 1 | PLC液压同步控制系统 | ENERPAC | 套 | 1 |
| 2 | 顶推千斤顶 | 100t | 台 | 7 |
| 3 | 泵站 | — | 台 | 2 |
| 4 | 水平仪 | SOKKIAC40 | 台 | 1 |
| 5 | 拉线式位移传感器 | — | 台 | 7 |
| 6 | 钢筋弯曲机 | CW40-1 | 台 | 1 |
| 7 | 钢筋调直机 | CT4-14 | 台 | 1 |
| 8 | 钢筋切断机 | QJ40-1 | 台 | 1 |
| 9 | 电焊机 | BX3-500 | 台 | 4 |
| 10 | 各类小型工具 | 根据现场情况进行配备 | | |

### 本章思考题

1. 建筑物整体平移工程关键技术有哪些？（提示：结合第1章内容）
2. 平移推力系统和拉力系统的构造组成有何不同？拉力系统在上托盘结构上的施力作用点有几种方案？各有什么要求？
3. 上托盘结构由哪几部分组成？
4. 为什么要进行托换结构水平作用下的不利工况受力分析？如何分析？
5. 移动支座有几种形式？平移工程反力后背有几种形式？
6. 牵引钢索过长时，平移启动会产生什么问题？如何避免问题发生或缓解问题？
7. 平移工程中位移同步控制有哪几种方法？分别如何控制？
8. 结构整体平移工程和顶升工程施工关键子技术的异同点有哪些？
9. 旋转平移有哪几种路线？各自的优缺点是什么？
10. 对于有朝向改变要求的平移工程，选用一次旋转就位方案时，旋转中心如何确定？
11. 步履式移动支座的功能是什么？（拓展提高题目）
12. 简述试平移的过程和目的。
13. 平移工程就位连接应注意哪些问题？
14. 平移工程实施内容和程序是什么？
15. 简述平移工程施工内容和步骤（提示：案例中施工总流程框图）。
16. 平移工程中的监测内容、方法和测点有何要求？
17. 平移工程质量控制指标有哪些？
18. 平移工程中可能出现的问题有哪些？请提出应急措施。
19. 平移工程施工方案包括哪些内容？

# 第 4 章
# 顶升技术在桥梁养护中的应用

## 4.1 桥梁养护的要求和分类

桥梁是公路的重要组成部分,是公路的咽喉,特别是大、中型桥梁对国家的政治、经济、国防等都具有重要意义。为了保证公路畅通无阻,应确保桥梁处于可靠的工作状态,满足其承载力和通行能力要求,达到其预定的设计使用年限,为此,对桥梁进行监测与定期检测,及时养护、及时维修与加固是十分必要的。在养护工作中尽量做到减少质量隐患,早发现问题早解决,绝不放过任何微小的质量问题。

### 4.1.1 桥梁养护要求

(1)建立、健全公路桥梁的检查、评价制度。对公路桥梁构造物进行周期性检查,系统掌握其技术状况,及时发现缺损和相关环境的变化。按桥梁检查结果,对桥梁技术状况进行分类评定,制定相应的养护对策。

(2)建立公路桥梁管理系统和公路桥梁数据库,实施桥梁病害监控,实行科学决策。逐步建立特大型桥梁荷载报警系统,地震、洪水和流冰等自然灾害预防决策系统。

(3)公路桥梁养护应做到桥梁外观整洁,桥面铺装坚实平整、横坡适度,桥头连接顺适,排水畅通,结构完好无损,标志、标线等附属设施齐全完好。

(4)对桥梁构造物进行养护,首先应使原结构保持设计荷载等级的承载要求及设计交通量的通行要求。根据交通发展的需要,也可通过改造和改建来提高承载能力和通行能力。在确定改造或改建工程方案时,应注意新、旧结构之间的关系,充分发挥原有结构的作用。

(5)养护作业和工程实施应注意保障车辆、行人的安全通行及环境保护。

(6)桥梁构造物养护应有应对洪水、流冰、泥石流和地震等灾害的防护措施,同时备有应急交通预案。

(7)新建或改建桥梁交工接养,应有完备的交接手续并提供成套技术资料。特大桥、大桥应配备养护设施、机具,设置养护工作通道、扶梯、吊杆、平台,设计单位应提供养护技术要点及要求。未配置以上设施或配置不能完全满足养护工作需要的,可根据实际需要予以增添。

(8)桥梁构造物的检查及技术状况评定、养护对策,维修、加固、改建的竣工验收等有关技术文件,均应按统一格式,完整地归入桥梁养护技术档案及数据库。

### 4.1.2　桥梁养护分类

桥梁养护按其工程性质、规模、技术难易程度划分为小修保养工程、中修工程、大修工程、改建工程和专项工程五类。

1. 小修保养工程

(1) 小修：对桥梁轻微损坏部分进行修补，使其保持完好的工程项目。主要包括以下工作：

①局部修理，更换栏杆和修理泄水孔、伸缩缝、支座和桥面的局部轻微损坏；

②修补墩、台及河床和修理防护圬工的微小损坏；

③修理涵洞和进出口的铺砌。

(2) 保养：对公路桥梁及其附属构造物进行预防性工作。主要包括以下工作：

①清除污泥、积雪、杂物，保持桥面清洁；

②疏导桥下河槽；

③养护伸缩缝，疏通泄水孔，栏杆涂漆。

2. 中修工程

中修工程是对公路桥梁及其附属构造物一般性磨损和局部损坏进行定期的修理加固，使其恢复原状况的小型工程项目。主要包括以下工作：

(1) 修理、更换木桥的较大损坏构件及防腐；

(2) 修理、更换中、小型桥梁支座、伸缩缝及个别构件；

(3) 大、中型钢桥的全面油漆防锈和各部分构件的检修；

(4) 永久性桥墩、台侧墙及桥面的修理和小型桥梁桥面的加宽；

(5) 重建、增建、接长涵洞；

(6) 桥梁河床铺底或调治构造物的修复和加固。

3. 大修工程

大修工程是对桥梁及其附属构造物的较大损坏进行周期性的综合修理，使其全面恢复到原设计标准的技术状况，或在原技术等级范围内进行局部改善和个别增建，以逐步提高其通行能力的工程项目。主要包括以下工作：

(1) 不提高技术等级的大、中型桥梁的加宽、加固、加高；

(2) 增、改建小型桥梁和技术性简单的中型桥梁；

(3) 增、改建较大的河床铺底和永久性调治构造物；

(4) 吊桥、斜拉桥的修理与个别索的调整、更换；

(5) 大型桥梁桥面铺装的更换。

4. 改建工程

改建工程是对桥梁及其附属构造物因不适应交通量、荷载、泄洪要求而提高技术等级，或因公路局部改移需要重建，或为了显著提高通行能力而进行的较大型、大型工程项目。主要包括以下工作：

(1) 提高技术等级大、中型桥梁的加固、加宽、加高；

(2) 增、改建小型立体交叉桥和 10km 以内整段改善的大、中型桥梁等。

5. 专项工程

专项工程包括专项抢修工程和专项修复工程。专项抢修工程是指采用临时性措施在最短的时间内恢复交通的工程。专项修复工程是指采用永久性措施恢复桥涵原有的功能的工程。对于阻断交通的桥梁修复工程，应优先安排。本章主要介绍顶升技术在桥梁支座更换及桥梁调坡等桥梁养护工程的应用。

## 4.2 顶升技术在桥梁支座更换与调整中的应用

桥梁支座是桥梁上下部结构的结合点，如有损坏将严重影响桥梁承载能力和使用寿命，所以必须经常养护，保证其处于正常的工作状态。钢筋混凝土梁式桥采用的支座形式有垫层支座、弧形钢板支座、摆柱式支座、橡胶支座等。

随着桥梁建成后运营年限的延长，桥梁的梁板、支座都会存在不同程度的损伤。支座因橡胶老化、超载压力下变形等影响而受到损坏，进一步发展会影响桥梁的安全。支座损坏也是最常见的桥梁病害之一。更换与调整支座是桥梁养护的最基本内容。

### 4.2.1 支座更换的条件

支座如有缺陷或产生故障不能正常工作，应及时予以更换。具体包括以下几种情况。

(1) 支座的固定锚销被剪断，滚动面不平整，轴承有裂纹或切口，辊轴大小不合适，混凝土摆柱出现严重开裂、歪斜，必须更换。

(2) 支座座板翘起、变形、断裂时应予以更换。

(3) 板式橡胶支座发生过大剪切变形、中间钢板外露、橡胶开裂、橡胶老化时应及时更换。

(4) 油毡垫层支座失去功能时，应及时更换。

### 4.2.2 更换桥梁支座的方法与步骤

目前无论是城市桥梁、高速公路桥梁还是高架地铁、高铁等，都已经广泛使用 PLC 液压同步控制系统进行支座更换。

采用 PLC 液压同步控制系统顶升更换支座的方法，可以在不破坏桥面结构的情况下整体顶升桥梁更换支座，具有速度快、安全、平稳等特点。

1. 顶升更换支座的方法

在支座旁边的梁底或端横梁处设置千斤顶，将梁(板)适当顶起，使支座脱空不受力，然后进行更换。调整完毕后或新支座正确就位后，落梁(板)到使用位置。

(1) 小跨径的简支梁桥，先将桥面连续处断开，将千斤顶置于盖梁或搭设的支架上，T 形梁桥可将翼板作为着力点，板式桥可直接顶在底板上，一般在每片梁下架设 1~2 个千斤顶，均匀施力即可。

（2）跨径较大的简支梁桥或连续梁桥，应预先在盖梁或支架上用千斤顶进行支承，待千斤顶施力后，对盖梁等病害进行修复。

（3）试顶升。支承架和千斤顶等安装完毕后，应先进行试顶升，试顶升主要是为了消除支承架的变形和沉降。为防止顶升过程中损伤梁底，在梁底和千斤顶接触处用钢板垫实。

（4）整体顶升。试顶升完成后，在专业人员的统一指挥下，所有千斤顶慢慢用力整体顶起梁体，使其离开原支座后立刻停止，并立即在盖梁或支架上设置临时垫块。

（5）台帽、盖梁等处理完成后，即可去除原有支座，支座下方用环氧树脂砂浆找平，更换新的支座。然后缓慢取出千斤顶等临时支承。

**2. 桥梁顶升更换支座的基本流程**

桥梁顶升更换支座采用全桥单幅单墩横向同步顶升的技术方案，采用盖梁-板梁底的托换体系，利用原有盖梁顶面为反力基础，直接利用超薄千斤顶顶升板梁底面的方法进行单墩横向同步顶升。

桥梁顶升更换支座流程图如图4-1所示。

**3. 顶升反力基础设置**

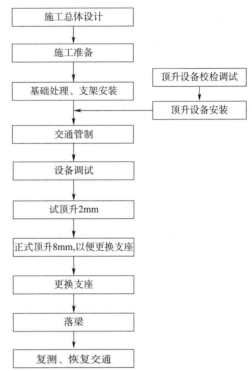

图4-1 桥梁顶升更换支座流程图

更换支座的千斤顶本体高度为30mm，如图4-2所示。对于盖梁与板梁间距不满足千斤顶安装要求的，在盖梁安装超薄千斤顶的位置处用排钻式钻孔凿毛，先清除盖梁与梁板之间的砂、石及垃圾，凿除松散的混凝土，并用空压机吹净，凿除高度满足超薄千斤顶的安装高度需求即可，顶升到位后对台帽进行修复。

对于小箱梁底与盖梁之间空间较大的情况，采取在千斤顶下垫钢制支承垫块的方式进行顶升。

图4-2 盖梁上的千斤顶

**4. 千斤顶的选用与布置**

（1）千斤顶选用。

对于板梁结构，由于板梁梁底与盖梁之间施工空间较小，整体顶升采用100t超薄千斤顶，千斤顶顶升高度30mm，底座直径180mm，行程15mm。对于小箱梁结构，一般小箱梁与盖梁之间工作空间较大，千斤顶下需垫钢制支承垫块。

（2）千斤顶布置。

对于板梁结构，根据顶升质量、顶升的稳定性要求及支座与盖梁之间的相对位置关系，在每片板梁的肋板处放置一台超薄千斤顶,单个盖梁有多片板梁,单个盖梁单侧布置千斤顶数量比梁片数多1,如图4-3所示。对于小箱梁结构,梁的自重较大,在每侧小箱梁支座附近对称布置2台千斤顶进行顶升更换支座,如图4-4所示,以保证有足够的顶升安全储备系数。

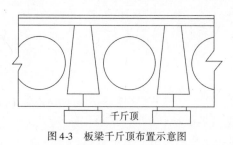

图4-3　板梁千斤顶布置示意图　　　图4-4　小箱梁千斤顶布置示意图

**5. 支座更换的要点**

(1)明确支座更换时千斤顶吨位,根据梁底与盖梁间的空间关系选定顶升千斤顶型号、规格及布置方式。根据支座型号、规格确定支座更换作业方式。

(2)普通板式支座更换在顶起时抽旧换新即可。

(3)对于盆式支座,其顶起高度应考虑预埋螺栓的拆除方式和所需顶升高度;若其为定向固定支座,更换新支座时一定要认真核对其支座型号、规格、固定方向。

**6. 顶升注意事项**

(1)选择千斤顶时,其额定顶升力一般不小于主梁自重的1~1.5倍。对于装配式的简支梁(板)桥,应切实注意维持顶升过程中的横向稳定,必要时应设置横向卡紧装置。

(2)铁路桥梁支座的更换需要在极短的时间内完成。一般在45min以内可以由各铁路运输集团公司批准;超过45min就需要向中国国家铁路集团有限公司要点施工,且规定时间内必须完成相关作业;高铁一般夜间11时后不行车,高铁桥梁支座更换作业时间最长为4h,需铁路总公司批准。施工方案需经铁路运输集团评审通过后方可按计划组织实施;为确保计划顺利实施,需组织施工人员进行施工演练;施工需工务、电务、车务等相关站段配合,通常由工务段牵头。

(3)高速公路、城市市政桥梁更换支座时也需要封路施工,施工方案需经相关部门批准后方可组织实施。

图4-5　顶升梁板调整支座高程

### 4.2.3　调整支座高程

当支座因设置不当或其他原因而造成支座高程不符合设计要求时,可通过采用调整支座高程的方法加以改善。该方法比较简单,先用千斤顶顶起主梁,然后在盖梁上面调整支座下面垫块的高度,使支座高程符合设计要求,如图4-5所示。需要抬高支座时,可根据抬高量的大小选用下列几种方法。

(1)垫入钢板(50mm以内)。

(2)更换为板式橡胶支座。

(3)就地浇筑钢筋混凝土支座垫石,垫石高度按需设置,一般应大于100mm。

## 4.3 顶升技术在桥梁坡度设置中的应用

近年来,随着我国经济建设的高速发展,公路、铁路和水运航道运输迅猛发展,尤其是城市高架路迅速发展,一些既有高架桥梁不能满足新型交通规划的发展需要,对这些既有桥梁采用顶升的方法进行改造与将其拆除重建相比,是较为经济快捷的,既可保证附近交通和规划的实施,也节约了建设资金,延长既有线路的使用寿命,体现了绿色环保理念。通过桥梁顶升技术对既有匝道桥梁进行调坡顶升(各墩顶升高度不一致),使之与后续新建高架桥梁衔接贯通,是桥梁顶升改造的一个新任务,在城市桥梁改造中应用前景较广。调坡顶升工艺中顶升支承的选择与布置以及维持顶升系统稳定是很重要的工作。

### 4.3.1 调整横坡

1. 盖梁设置横坡或设置垫石形成横坡

此方法是指用盖梁做成横坡,如图4-6所示,或是盖梁保持水平,设置不同高度的垫石形成横坡,与此同时主梁倾斜形成横坡,铺装层厚度相等。

桥跨主梁板沿桥梁横向倾斜通常有两种方法:一是按横坡的倾斜程度来架设箱梁,梁板底部用于安放临时支座及永久支座的位置一定要设置三角楔块,以确保梁底支座水平。可以直接用三角楔块调整桥梁横坡,三角楔块既可以是预埋钢板,也可以是与主梁一同浇筑的混凝土楔块。这是最简单也是最常用的方法,通常用于单幅单向坡以及双幅分离双向坡。二是水平吊装梁板,而梁板顶部(常适用于箱梁及T形梁)按照斜度做成倾斜,改变厚度。这样梁底不必预设楔块,此办法主梁架设简单,架构组装过程便捷,适用于单向坡,对于双向坡分幅也能有相同效果。

在桥梁上部结构采用预制梁板时,架设梁板后,为了使各梁板之间不形成台阶,可以将梁板预制时的端头做成与盖梁相同的反向横坡,底模的梁板端头反向横坡设置如图4-7所示。这样架设后,梁板等厚且从桥梁下面往上看时,梁板底面没有台阶形成统一的横坡。

2. 盖梁水平不设横坡

盖梁不设横坡,而且垫石等高时,可以通过调整桥梁左右两侧腹板的厚度来调整横坡。此方法的缺点体现在模板上,比如单幅5片箱梁,则需要5套规格不一样的模板。假设桥梁在曲线段,桥梁梁长起伏较大,对模板的需求量也会随之变大,所以实际应用较少。

### 4.3.2 调整纵坡

由于道路的改建或其他原因,桥梁原来的纵坡已不满足要求了,可以调整桥梁纵坡。首先,根据设计图纸,确保桥梁结构满足受力要求;然后,用千斤顶顶起梁板;最后,根据所调高度增加垫石或加高盖梁。此方法与调整横坡的方法相似，这里不再详述。

图4-6 盖梁横坡

图4-7 预制梁板底模端头横坡

### 4.3.3 顶升施工要点

1. 顶升前的准备工作

在桥梁正式顶升前，要全面了解桥梁的现状，重点了解桥梁的各类损伤状况及其对结构的影响；实测桥梁各组成部分的实际尺寸，为桥梁顶升作业提供基础数据；根据桥梁的检查结果分析，提出保障桥梁顶升施工的安全技术措施与建议。检查内容包括桥梁结构尺寸检查、桥梁裂缝检测、桥梁伸缩缝检测等。

2. 基础承台拓宽作为支承平台

利用原墩台、承台作为桥梁顶升基础。当承台尺寸不足时，采用钢筋混凝土垫梁外伸悬挑的方式对其进行补足，通过植筋方式与原承台连接。若桥台与箱梁底部净空不足，也可采用对桥台进行局部凿除的方式增加净空。

3. 限位挡的设计

在墩柱侧立面植筋设置两对混凝土限位挡，在箱梁底通过植筋的方式设置两根钢结构限位柱，每根钢结构限位柱夹在一对混凝土限位挡中间，限位挡和限位柱之间预留有10mm的间隙，形成抽拉式限位装置。在桥台设置钢筋混凝土限位柱，箱梁端部设置混凝土托架，起到桥台横、纵向限位的作用。

## 4.4 顶升技术在桥梁维修与加固中的应用案例
——枞阳县乌金渡大桥维修工程

### 4.4.1 编制说明及依据

1. 编制说明

工程施工组织设计是根据《枞阳县乌金渡大桥维修工程设计说明》及现场考察情况进行编制的。为便于审阅，本施工组织设计针对本工程的要求和特点，在目录中以大纲的形式列出了本工程施工中的目标、要求、重点和要点等并加以叙述。

2.编制依据

(1)施工设计图纸及招标文件;
(2)现场考察情况;
(3)桥梁维修养护有关技术要求;
(4)《公路工程技术标准》(JTG B01—2014);
(5)《公路桥梁加固设计规范》(JTG/T J22—2008);
(6)《公路钢筋混凝土及预应力混凝土桥涵设计规范》(JTG 3362—2018);
(7)《公路桥涵养护规范》(JTG 5120—2021);
(8)《公路桥涵施工技术规范》(JTG/T 3650—2020);
(9)《混凝土结构加固设计规范》(GB 50367—2013);
(10)《混凝土结构后锚固技术规程》(JGJ 145—2013);
(11)《钢筋混凝土用热轧带肋钢筋》❶(GB 1499—1998);
(12)《钢筋焊接网混凝土结构技术规程》(JGJ 114—2014)。

### 4.4.2 工程概况

1.桥梁结构概况

枞阳县乌金渡大桥位于省道 S320 线枞阳县境内,该桥由原安徽省公路桥梁设计院设计、安徽省路桥工程集团有限责任公司三处承建,于 1996 年 11 月建成通车。全桥为 18 孔简支 T 形梁(其中第 8、9、10 孔为 30m 预应力钢筋混凝土 T 形梁,两端分别为 7 孔和 8 孔 20m 普通钢筋混凝土 T 形梁),全桥横向均由 5 片 T 形梁组成。全桥总长 396.08m,桥梁全宽 12.5m,净宽 9m;下部结构所有桥墩均采用桩柱式(四桩双柱),其中 20m 桥跨立柱直径为 1.3m,30m 桥跨立柱直径为 1.5m,所有钻孔桩直径均为 1.2m。桥台均为桩基上配肋板式台,其肋宽为 1m。全桥共设 6 道仿毛勒伸缩缝,其他各墩顶均按桥面连续设置。

2.工程范围

全桥共需顶升进行支座更换的为 16 孔,预制更换 T 形梁的为 2 孔。

维修与加固的工作内容主要为原有桥梁结构的混凝土表面缺陷修补,钢筋外露处理、锈蚀处理、裂缝处理、粘贴钢板加固、桥墩水下部分涂刷、桥面铺装、人行道及栏杆施工等。

3.工程进度要求

本标段的合同工期为 120 个日历天。

4.工程特点

(1)该桥加固工程主要位于 T 形梁梁体底面,施工操作空间较小且施工场地受限;
(2)该桥梁净空较高,对于安全施工要求很高;

---

❶ 工程施工时该标准未作废。

(3)桥下为河流,普通的钢管脚手架不能满足施工需要,需要使用吊篮施工。

### 4.4.3 工程项目的施工方案及流程

1. 总体施工方案

根据《枞阳县乌金渡大桥维修工程设计说明》对第1、18孔T形梁进行更换,并更换支座、桥面铺装、人行道;T形梁的边梁用粘贴钢板的方法进行加固,对梁上裂缝进行修复。针对本工程在河流上施工的施工特点,采用在每孔桥面搭设吊篮施工平台的施工方法进行梁体粘钢、修补和支座更换施工。

应该按支座更换方案、T形梁更换方案、桥梁结构缺陷修补方案、桥面修补方案几部分分别给出总体施工方案。

2. 施工总流程

施工总流程如图4-8所示。

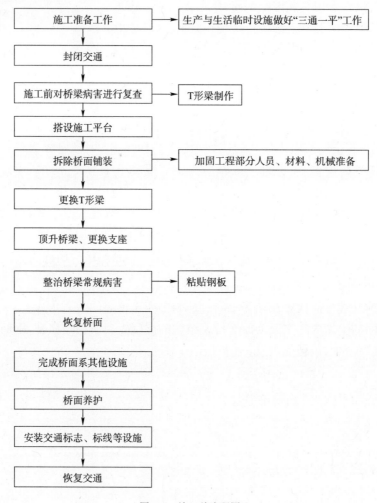

图4-8 施工总流程图

### 4.4.4 桥梁顶升更换支座施工

**1. 支座施工方案及施工流程**

1) 支座施工方案

支承反力基础的设置：利用原桥墩作为顶升反力基础，分别在盖梁顶面用干砂浆找平顶升千斤顶下支承点；T形梁底部一般比较平整，不需要做过多处理，只在梁底和千斤顶之间用薄钢板垫平作为整体顶升千斤顶的上支承点即可。

顶升控制系统：本工程采用电子百分表配合低高度液压千斤顶（图4-9）完成桥梁同步顶升。

千斤顶：采用100t液压千斤顶，顶升高度73mm，底座直径250mm，行程为20mm。

图4-9 低高度液压千斤顶

顶升方式：采用单墩顶升方式。

顶升行程监测：采用精度为±0.1mm的电子百分表进行监测。

支承系统：采用专用钢垫块作为临时支承。

新支座安装：桥梁顶升达到要求后，将原有的旧支座拆除，然后安放新的板式橡胶支座，并进行落梁。

2) 施工流程

支座更换施工流程如图4-10所示，考虑本工程实际安装需要，本工作顶升高度为10mm。

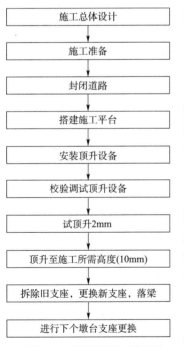

图4-10 支座更换施工流程图

**2. 主要施工要点**

1) 施工平台搭设

本桥处于旅游区的交通要道上，如图4-11所示。采用常规的搭设脚手架平台方式施工，难度较大。参照原桥梁施工图纸及现场考察的实际情况，决定顶升及桥下缺陷修复工程采用吊篮的方式（图4-12）来满足施工要求。

2) 顶升支承点处理

盖梁顶面用干砂浆找平，然后在上方布置顶升用的专用垫块（图4-13），并将千斤顶直接摆放在专用垫块上，即可作为整体顶升千斤顶的下支承点。梁板底部一般比较平整，只需在梁底处和千斤顶之间用薄钢板垫平、垫实即可作为整体顶升千斤顶的上支承点。

3) 顶升控制系统

本工程采用电子百分表（图4-14）配合低高度液压千斤顶完成桥梁同步顶升。由于本次同步顶升高度较小，仅为

10mm，用电子百分表观测顶升高度，每次行程达 2mm 时进行一次顶升（或下降）高度调整，使各顶之间误差控制在 2mm 以内。这样既避免了采用传统的顶升工艺时，往往受荷载差异和设备的限制，无法消除油缸不同步对构件造成的附加应力而导致构件失效，带来的极大的安全隐患，又避免了采用较先进的 PLC 液压同步控制技术时的高额费用。

图 4-11　桥梁总体图

图 4-12　桥下搭设的吊篮

图 4-13　专用垫块

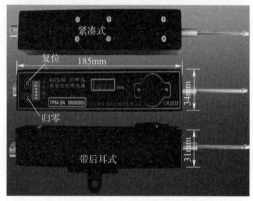

图 4-14　电子百分表

4）顶升系统

顶升系统由千斤顶、百分表等组成。

（1）千斤顶布置形式：在每片 T 形梁下布置两台 100t 液压千斤顶，每个墩柱布置 20 台千斤顶，可提供 2000t 的顶升力，单个桥墩估算质量约为 800t，顶升力能够满足施工要求。

（2）千斤顶安装：为便于顶升操作，安装时应保证千斤顶的轴线垂直，以免因千斤顶安装倾斜在顶升过程中产生水平分力，所有千斤顶均向上安装，即千斤顶底座在盖梁上，油缸在梁板底部。千斤顶安装稳固后再接通油路。

（3）百分表：顶升系统中所用百分表同顶升控制系统中电子百分表，见图 4-14。

5）顶升方式

本工程采用单墩顶升的方式进行更换支座施工，依次进行。

6）顶升准备

（1）顶升系统可靠性检验。

（2）成立顶升现场指挥组。现场指挥组设总指挥 1 名，全面负责现场指挥作业。指挥组下设 4 个职能小组，分别是监测组、液压组、控制组和作业组，分别负责相关的工作，各职能小组设组长 1 名,与总指挥组成现场指挥组。

(3)顶升系统安装调试。

(4)顶升控制区域划分及液压系统布置。

顶升控制区域按单个桥墩台划分为一个区域。电子百分表底座固定在盖梁上,表头紧靠盖梁底部。电子百分表量程为 60mm。

(5)泵站安装。

顶升泵站 1 台,尽量使千斤顶油管长度满足经济、合理要求。

(6)顶升系统结构部分检查。

检查内容包括千斤顶安装是否垂直牢固,影响顶升的设施是否已全部拆除,主体结构上是否已去除与顶升无关的一切荷载,主体结构与其他结构的连接是否已全部去除。

(7)顶升系统调试。

调试的主要内容包括:

①液压系统检查。

油缸安装是否牢固、正确;泵站与油缸之间的油管连接是否正确、可靠;油箱液面是否达到规定高度;液压系统运行是否正常,油路有无堵塞或泄漏;液压油是否需要通过空载运行过滤清洁。

②控制系统检查。

系统是否安装就位并已调试完毕;各路电源,其接线、容量和安全性是否都符合规定;控制装置接线、安装是否正确无误;数据通信线路是否正确无误;各传感器系统信号能否正确传输;系统能否升降自如;电子百分表的工作情况是否正常;各种阀的工作状况是否正常,是否需要更换。

③监测系统检查。

百分表是否安装牢固、正确,有无遗漏;信号传输是否无误。

④初值的设定与读取。

读取监测系统中百分表的初值或将其归零。

7)试顶升

为了观察和考核整个顶升施工系统的工作状态,保证顶升工作顺利完成,在正式顶升前,应进行试顶升,试顶升高度为 2mm。试顶升结束后,记录测点应变、整体姿态、结构变形等情况,为正式顶升提供依据。

8)正式顶升

试顶升后进行观察,若无问题,便进行正式顶升。每一次顶升标准行程为 2mm,最大顶升速度 10mm/min。

(1)正式顶升,须按下列程序进行并做好记录。

操作:按预设荷载进行加载和顶升。

观察:各个观察点应及时反映测量情况;各个测量点应认真做好测量工作,及时反映测量数据。

校核:数据汇交现场指挥组,比较实测数据与理论数据的差异。

分析:若有数据偏差,有关各方应认真分析并及时进行调整。
决策:认可当前工作状态,并对下一步操作做出决策。
(2)顶升注意事项。
顶升关系主体结构的安全,各方要密切配合。
顶升过程中,认真做好记录工作。顶升过程中,应加强巡视工作,并应指定专人观察整个系统的工作情况,若有异常,直接通知指挥控制中心。在施工过程中,要密切观察结构的变形情况。顶升过程中,未经许可不得擅自进入施工现场。

9)更换支座

根据设计图纸,顶升到位后,将原有支座取出,放入新支座。

10)落梁

新支座安装完毕,经检查无误后进行落梁工作。

### 4.4.5 裂缝病害修补

桥梁病害处理、T形梁钢板加固作业施工,需在桥面系卸载后才能进行。采用可移动的吊篮做施工平台。

**1. 表面及湿接缝位置缺陷修补措施**

1)面积小于 $625cm^2$($250mm \times 250mm$),深度小于 50mm 时混凝土结构表面缺损修补

采用凿除松动混凝土,外露集料,钢筋除锈,清除浮尘,喷涂阻锈剂及界面剂,涂抹聚合物水泥基修补材料的修补方法。具体做法如下:

(1)修补表面的处理。做好修补面凿毛、清洁等准备工作。混凝土表面应凿毛,且保持洁净、干燥、坚固、密实和平整。

(2)涂抹环氧树脂基液。目的是使旧混凝土表面能充分被环氧树脂基液浸润,从而保持良好的黏结力。涂刷时,应力求薄而均匀,厚度不超过1mm,可用毛刷人工涂抹,也可用喷枪喷射,为便于涂匀,还可以在基液中加入少量丙酮(3%~5%)。已涂刷基液的表面,应注意保护,严禁杂物、灰尘落入。

(3)涂抹聚合物水泥基修补材料。涂刷基液后,间隔一定时间(30~60min),将基液中的气泡清除后,再涂抹聚合物水泥基修补材料。平面涂抹时应摊铺均匀,每层厚度不宜超过10~15mm,底层厚度应为5~10mm,并用铁抹子反复压抹,使表面翻出浆液,如有气泡,必须刺破压紧;斜、立面涂抹时,由于聚合物水泥基修补材料易流淌,应用铁抹子不断地压抹,并适当增加聚合物水泥基修补材料内的填料,使环氧砂浆稠度增大。涂抹厚度一般为5~10mm,如过厚应分层涂抹。顶面涂抹时极易往下脱落,可涂抹黏度较大的基液,并力求均匀。环氧砂浆涂层的厚度以5mm为宜,如超过5mm,应分层涂抹,每层厚度可控制在3~5mm,每次涂抹均需用力压紧。

(4)聚合物水泥基修补材料的养护。聚合物水泥基修补材料的养护与水泥砂浆不同,最重要的是控制温度,夏季工作面向阳时,应设凉棚,避免阳光直接照射。冬季温度太低,应加温保暖。一般养护温度以20℃为宜,养护温差不超过5℃;养护时间,夏季一般2d即可,冬季则须7d以上。养护期的前3天,不应有水浸泡或其他冲击。

2）面积大于 625cm²（250mm×250mm），深度大于 50mm 时混凝土结构表面缺损修补

桥梁结构中出现的较严重的蜂窝、麻面、空洞以及缺损面积大于 625cm²（250mm×250mm），深度大于 50mm 的混凝土表面缺损应凿除松动混凝土，外露集料，钢筋除锈，用环氧混凝土修补。具体做法为：

（1）把构件中蜂窝或缺损部位表层尽可能凿除，保留原结构的钢筋，同时对修补部位进行凿毛处理，并使表面保持湿润、清洁。

（2）在修补面上喷涂一层界面剂，以增强新、旧混凝土之间的黏结力。

（3）在界面剂尚未凝固时即可浇筑环氧混凝土。

（4）当修补完成后，在新、旧混凝土接缝表面各 150mm 宽的范围内，必须用钢丝刷将所有软弱浮浆除去，并冲洗干净，然后抹两层封闭浆液，浆液采用环氧树脂。涂液时，第二层的方向应与第一层方向垂直。

（5）修补工作全部结束后，还要加强养护，养护方法与通常混凝土的养护方法相同。

2. 裂缝修补施工

裂缝修补施工前组织专业技术人员对全桥裂缝进行全面检测，准确定位，测量裂缝的长度及宽度，绘制裂缝分布图（标明裂缝长度及宽度）。

根据裂缝宽度、深度，所在构件重要性，裂缝对构件安全性及耐久性的影响程度，裂缝形成及发展状态等因素确定裂缝修补方案。

1）裂缝宽度大于或等于 0.15mm 时的处理

裂缝宽度大于或等于 0.15mm 时，采用压力灌注聚合物水泥注浆料处理。此方法即压力注浆法，具体方法如下：

（1）材料要求。

修补混凝土裂缝采用裂缝修补胶或注浆料，其基本性能指标应满足《混凝土结构加固设计规范》（GB 50367—2013）和《工程结构加固材料安全性鉴定技术规范》（GB 50728—2011）的要求。

（2）施工工艺流程。

以一定压力（压力要求详见采用产品说明书）将低黏度、高强度的裂缝修补胶或修补裂缝用聚合物水泥注浆料注入裂缝腔内，其具体工艺流程为：裂缝周边混凝土表面处理→埋设注浆嘴→封缝→封缝检查→配制浆液→注浆→封口处理→质量检查。

（3）施工操作过程。

①裂缝周边混凝土表面处理。

灌缝前应首先对裂缝周边混凝土进行处理，先用钢丝刷、角磨机清除裂缝表面的灰尘、浮渣、松散层；然后用空压机将裂缝中混凝土碎屑、粉尘清除干净；最后用棉纱浸丙酮或乙醇将沿缝两侧各 50mm 宽的范围擦洗干净，并保持清洁。

②埋设注浆嘴。

沿裂缝方向骑缝埋设注浆嘴，当一个注浆嘴在注浆时，其他注浆嘴可当排气嘴使用。

将注浆嘴固定在预定的位置上，在注浆嘴四周及外表面用厚约 5mm 的建筑结构胶将注浆嘴密封、黏结好。

③封缝。

封缝目的在于使裂缝成为一个封闭性的空腔。通常根据裂缝的大小和注浆的要求进行封缝。对细小缝可用环氧胶泥或环氧树脂浆液贴脱脂玻璃丝布直接封缝。如有渗漏,也可配合使用水泥加硅酸钠密封堵漏。封缝质量直接影响注浆质量,所以要认真实施。

④封缝检查。

为保证封闭空腔的密闭性能和承受注浆压力,应对封缝进行密封效果检查。其程序是,待封缝胶泥或水泥砂浆固化后,沿缝涂一层皂液,从注浆嘴向缝中通压缩空气,若无冒泡,则表示封缝效果好,可以进行下一工序,否则应予以修补。

⑤注浆。

注浆前接通管路,打开所有注浆嘴上的阀门,再一次用压缩空气将管道及裂缝吹扫一遍(原已吹扫干净),对注浆机具设备进行检查,试运转正常方可正式注浆。根据裂缝的区域或大小不同,可采用单孔或分区群孔注浆。在一条缝上注浆可由一端到另一端。注浆压力要求详见采用产品说明书,压力应逐渐升高,不得骤然加压。达到要求后应保持稳定,以满足注浆要求,保证注浆质量。

注浆结束应以不吸浆为标准,一般吸浆率不大于 0.1L/min,再继续压注几分钟即可停止注浆。注浆结束后应立即拆除管道,并清洗干净。

⑥封口处理。

待裂缝修补浆液实现初凝不外流时,拆下注浆嘴或注浆盒等设施,再用快固化胶液把注浆嘴处抹平封口,注浆工艺即完成。

(4)施工安全要求。

①裂缝修补胶、丙酮及乙醇为易燃物品,严禁靠近火源。

②配制和使用场所,必须配置灭火器以备救护。

③封闭环境作业时,施工现场要有通风换气措施。

④施工完后,工具应及时清洗,以便下一次使用。

(5)工程验收。

注浆工艺完成后要进行注浆质量检测,具体检测措施如下:

①对每个注浆裂缝通入压缩空气或压入水(注浆压力的 70%~80%)进行检查,若有漏气、水等现象则为不合格。应采取复注浆措施进行处置,直至无漏气、水等现象为止。

②对重要裂缝,当裂缝修补胶达到完全固化期时,应立即钻芯取样进行检查。钻芯取样应做到:钻芯取样部位为注浆裂缝附近;芯样应骑缝钻取,但钻取前应探明构件钢筋所在位置,避开构件内部钢筋;芯样直径不小于 50mm;取芯造成的孔洞,应立即采用强度等级较原构件高一级的豆石混凝土填实;芯样检验应采用劈裂抗拉强度测定方法,详见《混凝土结构加固设计规范》(GB 50367—2013)。当检测结果符合下列条件之一时,可判断为符合设计要求:沿裂缝方向施加的劈力,其破坏发生在混凝土内部(即内聚破坏);破坏虽部分发生在界面上,但这部分破坏面积不大于破坏面总面积的 15%。

2)裂缝宽度小于 0.15mm 时的处理

裂缝宽度小于 0.15mm 时,采用裂缝修补胶表面封闭法进行处理(粘贴钢板加固范围不处理),即表面封闭法。

(1)材料要求。

裂缝宽度小于0.15mm时采用裂缝修补胶表面封闭法进行封闭,其基本性能指标应满足《混凝土结构加固设计规范》(GB 50367—2013)的要求。

(2)施工工艺流程。

采用自然渗透法,即直接用橡皮滚子或滚筒涂刷封缝材料,使胶液充分吸收,且裂缝内含胶饱满,施工时应先清洁表面,再涂刷裂缝修补胶。

(3)施工操作要点。

用丙酮或乙醇擦洗,待干燥后用排笔反复涂刷裂缝修补胶,每隔3~5min涂刷一次,直至涂层厚度为1mm左右为止。

(4)工程验收。

灌缝过程中应严格控制质量,灌缝结束后应检验灌缝效果及质量。凡有不密实或重新开裂等不合格的情况,应采取补灌等补强措施,确保质量。

### 4.4.6 桥梁构件粘贴钢板加固施工

1. 材料要求

(1)本项目所采用钢板为Q235,其性能指标应满足《碳素结构钢》(GB/T 700—2006)的要求。

(2)锚固螺栓采用FZA电镀锌钢螺栓,型号为(FZA22×100 M16×60),锚栓性能等级为8.8。其性能指标应满足碳素钢及合金钢锚栓的钢材抗拉性能指标的要求,详见《混凝土结构加固设计规范》(GB 50367—2013),如表4-1所示。

碳素钢及合金钢锚栓的钢材抗拉性能指标　　　　表4-1

| | 性能等级 | 8.8 |
|---|---|---|
| 锚栓钢材性能指标 | 抗拉强度标准值$f_{uk}$(MPa) | 800 |
| | 屈服强度标准值$f_{yk}$(MPa) | 640 |
| | 断后伸长率$\delta_5$(%) | 12 |

(3)粘贴钢板用胶黏剂必须采用专门配制的改性环氧树脂胶黏剂,需要满足A级胶标准,其性能指标及验收标准应满足表4-2、表4-3的要求。

粘贴钢板用胶黏剂性能指标及验收标准　　　　表4-2

| | 性能项目 | 性能要求 | 试验方法标准 |
|---|---|---|---|
| 胶体性能 | 抗拉强度(MPa) | ≥30 | 《树脂浇铸体性能试验方法》(GB/T 2567—2021) |
| | 受拉弹性模量(MPa) | ≥4000 | |
| | 拉伸率(%) | ≥1.3 | |
| | 抗弯强度(MPa) | ≥45 且不得呈脆性(碎裂状)破坏 | 《树脂浇铸体性能试验方法》(GB/T 2567—2021) |
| | 抗压强度(MPa) | ≥65 | 《树脂浇铸体性能试验方法》(GB/T 2567—2021) |

续上表

| | 性能项目 | 性能要求 | 试验方法标准 |
|---|---|---|---|
| 黏结能力 | 钢-钢拉伸抗剪强度标准值(MPa) | ≥15 | 《胶粘剂 拉伸剪切强度的测定（刚性材料对刚性材料）》(GB/T 7124—2008) |
| | 钢-钢不均匀扯离强度(kN/m) | ≥16 | 《胶粘剂—不均匀扯离强度试验方法（金属与金属）》(GJB 94—86) |
| | 钢-钢黏结抗拉强度(MPa) | ≥33 | 《胶粘剂对接接头拉伸强度的测定》(GB/T 6329—1996) |
| | 与混凝土的正拉黏结强度(MPa) | ≥2.5,且为混凝土内聚破坏 | 《混凝土结构加固设计规范》(GB 50367—2013) 附录 |
| | 不挥发物含量(固体含量)(%) | ≥99 | 《胶粘剂不挥发物含量的测定》(GB/T 2793—1995) |
| | 拉伸剪切强度(MPa) | 强度降低的百分率不得大于10% | 《胶粘剂 拉伸剪切强度的测定（刚性材料对刚性材料）》(GB/T 7124—2008) |

锚固用胶性能指标及验收标准　　表4-3

| | 性能项目 | | 性能要求(A级胶) | 试验方法标准 |
|---|---|---|---|---|
| 胶体性能 | 劈裂抗拉强度(MPa) | | ≥8.5 | 《混凝土结构加固设计规范》(GB 50367—2013) 附录 |
| | 抗弯强度(MPa) | | ≥50 | 《树脂浇铸体性能试验方法》(GB/T 2567—2021) |
| | 抗压强度(MPa) | | ≥60 | 《树脂浇铸体性能试验方法》(GB/T 2567—2021) |
| 黏结能力 | 钢-钢(钢套筒法)拉伸抗剪强度标准值(MPa) | | ≥16 | 《混凝土结构加固设计规范》(GB 50367—2013) 附录 |
| | 约束拉拔条件下带肋钢筋与混凝土的黏结强度(MPa) | C30 φ25　$L=150mm$ | ≥11 | 《混凝土结构加固设计规范》(GB 50367—2013) 附录 |
| | | C60 φ25　$L=125mm$ | ≥17 | |
| | 不挥发物含量(固体含量) | | ≥99% | 《树脂浇铸体性能试验方法》(GB/T 2567—2021) |

(4)封闭层:可采用裂缝修补胶,其基本性能指标应满足《混凝土结构加固设计规范》(GB 50367—2013)和《工程结构加固材料安全性鉴定技术规范》(GB 50728—2011)的要求。

(5)底漆:采用红丹酚醛酸防锈漆(Y53-31),其性能指标及验收标准应满足相关规范的

(6)面漆:油性调和漆(Y03-1),其性能指标及验收标准应满足相关规范的要求。

2. 工艺流程

构件表面处理→钢板除锈处理→涂抹粘胶材料→钻孔、安装锚栓→粘贴钢板→防锈处理。

3. 施工过程

1)混凝土表面处理

(1)将混凝土构件表面的残缺、破损部分清除干净。检查外露钢筋是否锈蚀,如锈蚀,进行必要除锈处理。对经过剔凿、清除露筋的构件残缺部分,进行修补、复原。为保证钢板与构件的粘贴效果良好,施工时注意确保混凝土基面的平整度及强度,严禁采用有浮浆及蜂窝、麻面的混凝土面层作为基面。

(2)渗水等造成梁体产生污垢时,采用钢丝刷将表面松散浮渣刷去,然后用压缩空气清除粉尘,再用丙酮或乙醇擦拭清洁表面。

(3)梁体混凝土出现空洞、蜂窝、麻面、表面风化、剥落时,应先将松散部分清除,采用聚合物水泥基修补材料进行修补。

(4)梁体基面若出现不平整、凸出等现象,采用砂轮打磨平整。

(5)梁体若出现露筋或保护层剥落等现象,应先将松动的保护层凿去,并将钢筋锈迹清除。若损坏面积不大,采用聚合物水泥基修补材料进行修补;若损坏面积较大,喷涂界面剂,采用环氧混凝土修补。

(6)梁体的横、纵向连接杆件,钢板,钢筋等构件若发生开裂、开焊、断裂、损坏等,可采用更换、补焊、帮焊等措施。

2)裂缝修补

当裂缝宽度小于0.15mm时,采用裂缝修补胶表面封闭法进行处理;当裂缝宽度大于或等于0.15mm时,采用化学压力灌注裂缝修补胶(注射剂)进行修补。

3)钢板接合面除锈

钢板除锈要彻底,使钢板的各个面均外露金属光泽,且表面要有一定的粗糙度。

4)钻孔

(1)在梁(板)底按设计图纸的尺寸钻孔安装螺栓,并采用高精度钢筋探测仪探测钢筋所在位置,钻孔时如遇梁(板)、内钢筋可稍作调整,错开后再钻孔就位。

(2)按调整后的螺栓孔位尺寸,在待粘贴的钢板上精确钻孔,并对其进行编号,安装时"对号入座",切莫出错。

5)配胶

环氧胶应选用正规厂家产品,其规格及技术指标需符合国家有关标准的要求。环氧胶进场时应及时检验其质量,合格后方能使用。

环氧类黏结剂分为甲、乙两组,使用时将甲、乙两组分别按说明规定混合在一起,用转速为100~300r/min的轴式搅拌器搅拌,至色泽均匀为止。搅拌容器内不得有油污,搅拌时应避免水进入容器,并按同一方向进行搅拌,以免带入空气形成气泡,降低黏结性能。一次调和量应在可使用时间内用完,超过时间的绝对不能使用,以确保粘贴质量。

6) 粘贴钢板

粘贴剂配制好后,用抹刀同时涂抹在已处理好的混凝土表面和钢板上,涂抹厚度 1~3mm,中间厚边缘薄。然后将钢板贴于预定位置,若是立面粘贴,为防止流淌,可加一层脱蜡玻璃丝布。粘好钢板后,用手锤沿粘贴面轻轻敲击钢板,如无空洞声,表示已粘贴密实,否则应剥下钢板补胶,重新粘贴。

7) 固定与加压

钢板粘贴好后立即旋紧螺栓进行加压,压力保持为 0.05~0.1MPa,以使多余的胶液刚从钢板缝挤出为度,达到密贴的程度。

8) 固化

环氧类黏结剂应在常温下固化,温度保持在 20℃ 以上,24h 达到固化;若低于 15℃,应采用人工加温,一般用红外线灯加热。固化期间不得对钢板有任何扰动。

9) 检验

用小锤轻轻敲击粘贴钢板,从声音判断粘贴效果或用超声波法探测粘贴密度。如锚固区粘贴面积小于 90%,非锚固区粘贴面积小于 70%,则此粘贴件无效,应剥下重新粘贴。

10) 钢板外露面防锈处理

对钢板表面处理后,采用热喷涂层方法进行防锈处理,防锈涂层的组成为:喷铝 160μm + 环氧类材料封闭 + 2×35μm 底漆 + 2×35μm 面漆。其他未尽事宜详见相关规范、标准。

4. 施工注意事项

(1) 配胶用量要精确,施工时,已固化的胶不能再使用。

(2) 配制和使用场所必须通风良好,并配备灭火器材。

(3) 配制黏结剂的材料应密封储存,远离火源,避免阳光照射。

(4) 各种胶黏附在皮肤上时,要用肥皂水冲洗,特别是如果进入眼内,要立即用水冲洗或接受医生诊治。

(5) 现场施工人员应穿工作服,同时还须佩戴口罩和手套,施工人员严禁在现场吸烟。

(6) 加固所使用的钢板及其配套黏结材料应有厂家提供的材料检验证明和合格证。

## 4.4.7 更换 T 形梁工程施工

本工程中的 T 形梁采用在场外预制,达到设计要求后,利用汽车将 T 形梁运至施工现场。在 T 形梁到达施工现场以前,要将需要更换 T 形梁的孔跨桥面拆除。拆除时,先拆除两片 T 形梁的湿接缝位置,将运梁车停在未拆除湿接缝的 T 形梁上面,利用两辆起重机分别站在桥头搭板及第二孔上将两片梁吊运至卸梁场地。用同样的方法将预支好的 T 形梁安装在原位。

第 1 孔 2 片 T 形梁安装完毕后,安装第 18 孔 T 形梁。同时进行第 1 孔安装的 T 形梁湿接缝位置施工,待第 18 孔安装 2 片 T 形梁后,再返回安装第 1 孔内剩余的 3 片 T 形梁。全部 T 形梁安装完成后,进行桥面铺装及湿接缝施工。

### 4.4.8 桥面系施工

1. 重建钢筋混凝土桥面铺装

1) 旧桥面破除

在道路封闭后进行桥面破除施工,将原桥的桥面铺装层全部破除清理,桥面破除采用人工配合空压机进行。

2) 新桥面的材料要求

(1) 混凝土。

混凝土应满足设计资料及相关规范的要求。

(2) 钢筋。

本施工项目所采用钢筋,必须符合《钢筋混凝土用钢 第1部分:热轧光圆钢筋》(GB/T 1499.1—2017)和《钢筋混凝土用钢 第2部分:热轧带肋钢筋》(GB/T 1499.2—2018)的有关规定。

(3) 界面剂。

为加强新旧混凝土的结合,应在浇筑混凝土前涂抹界面剂,界面剂采用掺有10%的U型膨胀剂的水泥浆,水泥浆的水灰比为0.3。

(4) 植筋胶。

本项目种植钢筋的胶黏剂为A级胶,必须采用专门配制的改性环氧树脂胶黏剂或改性乙烯基酯类胶黏剂,其安全性检测如表4-3所示。

3) 施工过程

(1) 对新旧混凝土界面进行凿毛处理。

① 凿毛。

为恢复混凝土活性,加强新旧混凝土结合,需要对其表面进行凿毛处理。人工凿除旧混凝土结合面3~6cm,外露集料。

② 涂抹界面剂。

凿毛后的界面需要采用空压机或水将表面的灰尘冲洗干净,保湿时间不少于6h。最后涂抹满足设计要求的界面剂,涂抹界面剂时混凝土界面要保持湿润但无水珠。

(2) 按设计要求植入钢筋。

植筋的工具主要有冲击钻(配足设计植筋孔径相对应的钻头)、钢筋探测仪、吹气泵、气枪、植筋胶注射器、毛刷(或钢丝刷)等。

① 准备。

检查被植筋的混凝土面是否完好,用钢筋探测仪测出植筋处混凝土内的钢筋位置,核对、标记植筋部位,以便钻孔时避开钢筋,如设计植筋位置有钢筋,可以对植筋位置做适当调整。

② 钻孔。

按上述标记钻孔位置,利用电锤钻孔(严禁使用气锤钻孔,防止出现混凝土局部疏散、开裂的现象)。

孔径的选定,按照产品提供的说明执行。以下举例供参考:φ12植筋,孔径为15mm;孔的深度详见设计文件。实际操作时根据孔径和对应深度要求,经检查满足要求即可钻孔。植筋孔按设计要求布孔定位后,用钢筋探测仪测定孔位处有无受力钢筋,有受力钢筋时植筋孔位置应适当变更。尽量避免伤及原有钢筋。植筋前应检查有无裂缝,在裂缝处不宜植筋。

植筋孔位置和直径除应满足设计要求外,还必须满足下列基本要求:净边距大于钢筋保护层厚度,并且必须植入原构造箍筋内侧;被植入钢筋的结构物深度不小于植筋孔深度+40mm。

钢筋植入深度符合设计文件要求,植入深度应扣除混凝土表面剥落层及出现裂缝层厚度。

③清理孔洞(除尘、干燥)。

钻孔成批量后,逐个清除孔内灰尘,利用压缩空气或用水清孔,用毛刷刷三遍、吹三遍,确保孔壁无尘(如梁、板孔内潮湿,需用防潮湿结构胶)。清孔时不仅要采用吹气筒或气泵等工具,同时也必须采用毛刷等设备清除附着在孔壁上的灰尘;在雨天施工时,要用较为清洁的水清洗孔壁,清洗后孔内积水不用排出,但要注意,经长时间浸泡的孔,要用电锤钻头扫一下孔壁后再洗孔。

④钢筋处理。

检查钢筋是否符合设计要求,将钢筋用钢丝刷除去锈渍,用乙醇或丙酮清洗干净,晾干使用(无锈蚀钢筋则可不进行除锈)。植筋采用HRB335级带肋钢筋,应符合国家标准要求,并要求采用机械切断,端面不允许采用氧割。

⑤注胶。

注胶过程同前文。

⑥插筋。

插筋过程同前文。

⑦养护。

在室外温度下自然养护,温度低于5℃时,应改用耐低温改性结构胶,养护时间一般在24h以上。

⑧植筋工程验收。

工程验收标准:《混凝土结构加固设计规范》(GB 50367—2013)、《混凝土结构后锚固技术规程》(JGJ 145—2013)。

4)桥面铺装施工

(1)工艺流程。

梁面清理、高程中线复测→施工放线→钢筋网绑扎→槽钢模板安放→混凝土灌注→平板振捣器振捣→收面拉毛→覆盖养护。

(2)准备工作。

现浇桥面层铺装前,清理桥面及梁缝内的垃圾并用水冲洗干净。用全站仪放出中线、边线等桥面控制点,并对梁跨中和支点处的中线、边线高程进行复测。

(3)钢筋网施工。

钢筋在车间下料,弯曲后运至桥面,人工绑扎,钢筋网下每间隔一定距离安设砂浆垫块。

(4)槽钢模板安装。

铺装层用槽钢作模板(图4-15),用膨胀螺栓固定在桥面上并调节槽钢高度。膨胀螺栓必须固定牢固,否则会影响平整度。

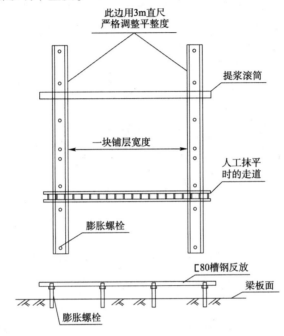

图4-15 槽钢模板

施工时,先用水准仪精确测量螺栓处槽钢高程,然后用3m直尺检测槽钢平整度,微调各螺栓高度,使槽钢平整度偏差不大于2mm。在浇筑过程中要随时检测槽钢平整度。

为保证平整度,在安装前用6m直尺检测所有槽钢平整度,有不平的用砂轮磨光机磨平。

(5)混凝土施工。

采用商品混凝土,混凝土搅拌运输车将其运送到施工现场,浇筑时由下坡方向朝上坡方向浇筑,平板振捣器振捣,滚杠找平后,用铝合金尺杆刮平。人工抹面拉毛,拉毛深度为20~30mm。桥面采用麻袋覆盖洒水养护。

在两端靠近伸缩缝处预留300~400mm空间,待伸缩缝安装完成后再灌注伸缩缝混凝土。

(6)质量标准。

平整度:不大于3mm/3m直尺;中线高程:±10mm;纵断高程:±10mm,横坡差小于0.5%。

2. 泄水管安装

泄水管在桥面铺装前安装,在后续工作中应避免泄水管堵塞,泄水管的进口略低于桥面面层,周围为铺装层所包围,形成一凹面以利水流。泄水管具体位置、数量按设计安放。

3. 伸缩缝施工

1）施工要求

按设计图要求加工,其出厂各项规格性能应符合要求。安装时邀请厂家到现场协作,缝体间隙大小应与安装时的桥梁温度相适应；伸缩缝应在日平均温度在 5～20℃ 范围内时进行安装。安装伸缩缝装置的缝槽应清理干净,如有顶头现象或缝宽不符合设计要求,应切割凿剔平整。浇筑混凝土前应仔细检查缝体的定位情况,保证伸缩缝两边的组件与桥面平顺、无扭曲。安装后的桥面伸缩缝的伸缩性能必须有效,缝面与桥面要结合好,并保持平整。

2）伸缩缝安装方法

(1) 待桥面铺装全部施工完毕后,开始安装伸缩缝。

(2) 将伸缩缝范围内清理干净并用水冲刷。

(3) 以桥面铺装高程为准,将异型钢分别焊接在两侧梁端预埋钢筋上,并用 L 50×L 50 角钢在异型钢底部以 40cm 的间距固定,以承托异型钢起到稳固作用。

(4) 伸缩缝异型钢安装技术标准,顺直度：整条范围内小于 2mm,平整度：不大于 1mm/3m 直尺。

(5) 异型钢安装完毕后,灌注伸缩缝混凝土,为提高伸缩缝强度,延长使用寿命,采用钢纤维混凝土,在浇筑时严格控制混凝土顶面高程。

3）质量标准

伸缩缝与面层高差小于或等于 1mm。

4. 人行道及防护栏杆拆除重建

由于设计要求更换防护栏杆,因此施工前可根据施工安排拆除原防护栏杆和人行道。按照设计图纸制作防护栏杆钢模板,绑扎钢筋、浇筑混凝土。

## 4.4.9 质量与安全保证体系

1. 施工质量保证体系

1）质量目标

工程质量目标为：确保全部工程符合国家、交通运输部现行的施工规范、规程、质量标准和工程建设标准强制性条文（交通工程部分）,并承诺接受建设单位委派的监理工程师的检查及质量监督,办好隐蔽工程的签证手续。工程竣工按部颁验收标准一次合格率达到 100%。

为保证质量体系的有效运行,实现工程质量目标,根据本标段实际情况,成立工程质量自检自控组织机构,按照设计文件及施工规范要求,运用先进的管理方法、施工工艺,做好工程质量控制,详见工程质量自检体系组织机构框图（图 4-16）和工程质量自控体系组织机构框图（图 4-17）。

2)加强工程质量管理措施

(1)依据本工程的特点,建立完善的技术标准、管理标准和工作标准,确保各项工作标准化和有序化,使施工生产的全过程处于受控状态;公司质量管理部门设专职人员,配合工程负责人掌握各道工序的施工情况,做到天天检查,使质量目标层层落实到岗位和个人,建立质量目标奖惩制度,保证总体目标的最终实现。

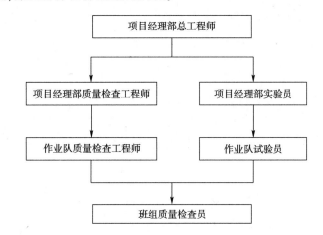

图4-16 工程质量自检体系组织机构框图

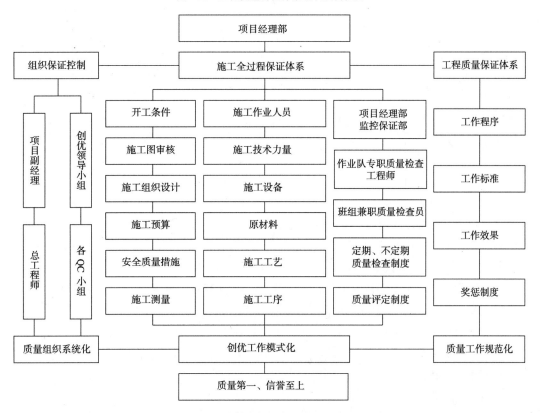

图4-17 工程质量自控体系组织机构框图

(2)协调处理好各个施工环节的衔接关系,防止脱节。

(3)各工序之间严格执行交接班制度,对检查出来的问题要及时处理。

(4)积极响应和解决质量检查工程师或监理工程师提出的问题,树立质检人员的权威。

(5)搞好职工技术培训,特别是参与顶升的施工人员。

(6)做好测量交验点的复核及保护工作。

(7)加强施工机具、仪表仪器等设备的管理。

(8)施工机具、仪表仪器等设备定期按有关规定进行检查、校核,确保施工正常进行。

3)保证工程质量的主要技术措施

(1)施工前应根据确定的施工组织设计向有关人员进行关于施工特点、施工内容、节点工期、技术标准等方面的技术交底。

(2)加强施工技术管理,对各工序的施工方法、操作工艺、测量成果、质量安全措施等都认真编写并做好现场书面技术交底,内业资料归口分类管理,做好各项原始记录和检测记录,保证技术资料真实齐全。

(3)技术准备:根据桥梁规划设计位置,核实顶升实际高度、标定监控点。

(4)垂直顶升:应随时监测各点的位移量,确保同步。建立水准测量复核系统,校核计算机的测控数据,做到万无一失。

(5)严格执行隐蔽工程检查的规定。所有隐蔽工程首先进行严格自检,自检合格后填写隐蔽工程检查证及附件,于隐蔽前48h报请监理工程师检查,并在检查证上签字后再继续施工。

## 2.安全保证体系及说明

1)安全管理内容

(1)编制施工组织设计。

在施工开始前,编制施工组织设计,并对各施工队伍在交接过程中或者交叉工作中的施工安全措施进行协调。

(2)安全教育工作。

建立、健全对施工人员的日常安全教育、技术培训和考核制度,并严格组织实施。建立、健全施工人员的上岗证制度,特别是对于从事特殊工种的人员,还必须经过专门培训并取得特种作业资格证后才能上岗。

(3)施工安全防护设施的设置。

现场施工应达到安全条件,施工现场的安全防护设施按下列要求设置:

①根据工程进度及时调整和完善安全防护措施。

②对于事故易发区,设置专项的安全设施及醒目的警示标志。

③根据季节或天气变化,调整安全防护措施。

(4)机械、机具、电气设备的安装和使用。

①安装前按规定进行检测,合格后使用。

②使用前按规定进行安全性能试验,合格后使用。

③使用期间,指定专人负责维修、保养,保证其完好、安全。

(5)电气安全保护和防火安全。

①保证变配电设施和输配电线路处于安全、可靠的可使用状态。

②确保用火作业符合消防要求。

(6)根据施工组织设计和施工进度,向不同工种的施工人员进行专项的安全技术交底。

(7)施工人员作业的安全要求。

施工人员必须使用符合规定标准的劳动防护用品,并按下列安全要求操作:

①按安全技术标准和安全操作规程进行施工。

②按国家劳动保护规定进行施工。

③如发现异常,采取有效防护措施,并向安全管理人员报告。

(8)现场日常安全管理。

建立施工现场日常安全巡视和检查制度,若发现事故隐患和违反安全标准的情况应及时进行纠正。

(9)安全监督检查。

由安全监督员定期进行安全监督检查,发现问题限期整改。

2)安全管理制度及责任制体系

根据本工程的特点以及安全管理的内容要求,编制安全组织体系、制度体系、条例、标准和责任制。

(1)落实总承包安全管理责任,成立项目施工安全室,全面负责施工全过程的安全检查、安全布置、安全监督和安全奖惩。

(2)项目部除了制订施工不同阶段有关遵守安全生产的若干规定外,还应当熟悉并认真执行国家和地方建委颁布的有关安全生产规章制度。

(3)根据工程实际情况,制订专业防火、防盗、防冻及动用明火、临时用电等方面的管理办法,按计划定期检查执行情况,发现问题,责成其在规定时间内整改。

(4)月度组织施工人员进行安全设施大检查,进行总结评比和奖惩。

(5)组织各班组的兼职安全员轮流值班,互相监督。

(6)为了统一管理好各作业人员,将对作业人员发放通行证,所有作业人员都应持证上岗。

(7)在每个施工层面和加工区设若干灭火器,实行统一管理,组织兼职消防员进行有关消防知识的培训,以便正确使用灭火器。

(8)为了便于检查人员履行职责,安全检查人员应持证上岗,并佩戴标记。

(9)项目安全生产制度(图4-18)。

(10)项目安全生产措施(图4-19)。

(11)项目安全生产实施标准(图4-20)。

(12)项目安全生产责任制。

①项目经理。

a.履行承揽合同要求,确定安全管理目标,确保项目工程安全施工,对工程项目的安全全面负责;

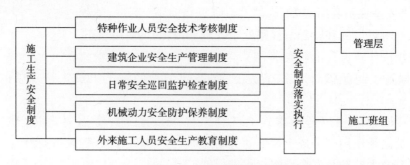

图 4-18 安全生产制度

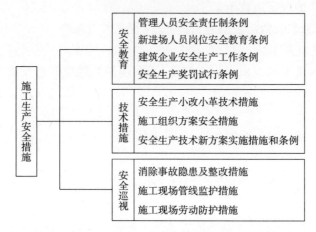

图 4-19 安全生产措施

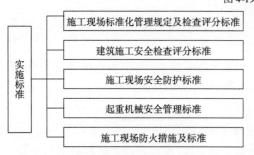

图 4-20 安全生产实施标准

b. 参与编制施工组织设计,建立项目安全生产保证体系,组织编制安全保证计划;

c. 贯彻执行各项有关安全生产的法令、法规、标准、规范和制度,落实施工组织设计中的安全技术措施和资源的配置;

d. 负责生产过程中全面管理和全过程的安全控制;

e. 支持项目安全员及施工管理人员行使安全监督、检查和督促职权;

f. 适时组织对工程项目部的安全体系评审、协调和安全评估。

②项目工程师。

a. 编制施工组织设计,负责对安全难度系数大的施工操作方案进行优化;

b. 组织编制相应的安全保证计划,并组织内部评审,上级审核通过后督促实施;

c. 负责组织危险源的辨识和评价,确定危险部位,对风险较大和专业性强的工程项目应组织安全技术论证;

d. 做出因本工程项目的特殊性而须补充的安全操作规定;

e. 选择或制定施工各阶段针对性安全技术交底文本;

f.组织有关人员对法律法规、规范和标准进行选用,制定本工程的法律法规清单;

g.对生产过程中的安全保证体系运行进行监控、落实、纠正。

③项目安全员。

a.贯彻安全保证计划中的各项安全技术措施,组织参与安全设施、施工用电、施工机械的验收;

b.监督、检查操作人员是否遵章守纪,组织、参与安全技术交底,对施工全过程的安全实施控制,并做好记录;

c.掌握安全动态,若发现事故苗头则及时采取预防措施;

d.制止违章作业,严格安全纪律,当安全与生产发生冲突时,有权制止冒险作业;

e.配合材料部门对进入现场使用的各种安全用品及机械设备进行验收检查工作;

f.协助上级部门进行安全检查,如实汇报工程项目的安全状况;

g.负责一般事故的调查、分析,提出处理意见,协助处理重大工伤、机械事故,并参与制订纠正和预防措施,防止事故再发生。

④项目施工员。

a.按照安全保证计划要求,对施工现场全过程进行控制;严格监督实施本工种的安全操作技术规范;

b.有权拒绝不符合安全操作的施工任务,除及时制止外,有责任向项目经理汇报;

c.认真执行对施工人员的分部分项工程有针对性的安全技术交底;

d.发生工伤事故,应立即采取措施,并保护现场,迅速报告;

e.对已发生的事故隐患落实整改,并向主管经理反馈整改情况。

⑤项目技术员。

a.贯彻项目安全管理目标,组织实施项目安全生产保证体系;

b.负责临边、洞口的安全防护技术措施以及特殊脚手架、施工用电、大型机械拆装方案的落实;

c.协助对施工班组进行安全监督。

⑥项目材设组。

a.按照项目安全生产保证体系要求,组织各种资源的供应工作,对供应商进行分析、评价,报公司主管部门;

b.负责对合格供应商供应的安全防护用品(具)进行验收、取证、记录,并做好验收状态标识,储藏保管好安全防护用品(具);

c.负责对进场材料按场容标准化要求堆放,消除事故隐患;对现场使用的脚手架、高凳、吊钩、安全网等安全设施和配件应保证质量,并定期检查和试验,对不合格和破损的设施和配件,要及时进行更新替换;

d.对易燃易爆物品进行重点保管;

e.负责施工现场的中小型机械使用前的验收和日常保养及维修工作;

f.对施工现场使用的机械进行可追溯性记录;

g.对施工现场的用电设施按要求验收并负责其平时安全用电的管理。

⑦项目资料员职责。

a. 做好文件的收发登记工作；

b. 及时将文件送至领导同时做好传阅工作；

c. 负责文件的分类、整理、保管；

d. 负责文件的标识、收集及汇编工作。

3) 安全管理流程及控制

(1) 施工过程安全控制流程。

施工过程安全控制流程图如图 4-21 所示。

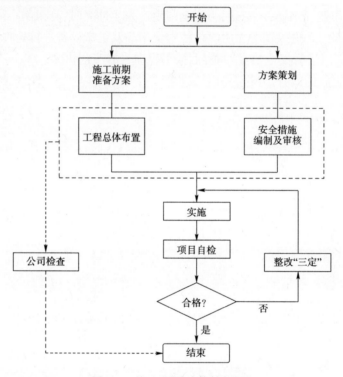

图 4-21　施工过程安全控制流程图

(2) 施工现场的安全过程控制。

①施工人员进场安全交底。

②工种操作交底。

③分部、分项安全交底。

④安全监控培训、交底、监控。

⑤安全设施交接、验收管理记录。

⑥特殊工种人员名册管理。

(3) 安全检查、检验控制。

安全检查和检验应有时间、有要求，明确工作重点和危险岗位。

(4) 安全隐患的控制。

安全隐患的控制流程如图 4-22 所示。

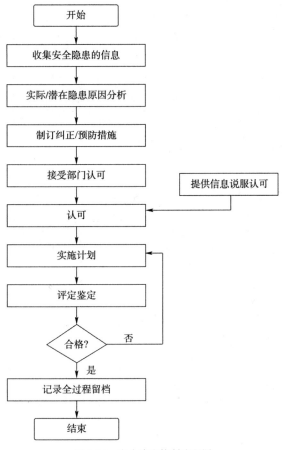

图 4-22 安全隐患控制流程图

4）教育和培训

新进场人员的安全教育、交换工种安全教育、节前节后的教育、各工种安全规程的学习、定期安全教育、安全活动的记录。

5）施工过程总体安全措施

（1）施工阶段支承、脚手架的防护措施。

①基础。

a. 支承、脚手架基础采用槽钢或方木垫块,并绑扎扫地杆；

b. 各类金属脚手架应加设接地装置。

②材质。

a. 钢管、角钢、扣件、螺栓的质量应符合规范要求；

b. 不得使用锈蚀、弯瘪、滑牙和有裂缝的金属杆件；

c. 不得使用枯脆、单径、破损、散边的竹片底笆；

d. 不得使用锈蚀铁丝作拉结和绑扎辅料。

③纵向距、横向距。

a. 脚手架纵向距 2m；

b. 脚手架横向距 1.2m,满堂脚手架不得大于 1.8m；

c. 脚手架小横杆里端距墙面 10cm,外端挑出 25cm;

d. 阴、阳墙角处里立杆距墙的尽端不得大于 30cm。

④软硬拉结。

a. 各类拉结、支承点应符合规范要求;

b. 软拉结应双股并联,不得拉结在窗框、水落管和锈蚀的金属预埋件上;

c. 设置预埋硬拉结处,混凝土强度应达到设计标准;

d. 硬拉结与脚手架里立杆连接点不得采用电焊焊接。

⑤搭接。

钢管脚手架剪刀撑、斜撑搭接长度不小于 0.4m,且用不少于 2 只扣件紧固。

⑥登高设施。

a. 斜道(直上、"之"字形):走人的斜道坡度不得大于 1:3,运料的斜道坡度不得大于 1:4,并应铺设特殊竹笆或加设防滑措施;

b. 斜道应设置不小于 $3.5m^2$ 的平台;

c. 斜道纵向距外侧及横向两终端应设置剪刀撑;

d. 登高挂梯不得设置在脚手架通道中间;

e. 登高挂梯架子纵向外侧应设置剪刀撑;

f. 斜道坡度两侧应设两道防护栏杆。

⑦验收。

a. 支承、脚手架应有分部、分段按施工进度的书面验收报告;

b. 各种脚手架应在验收合格后挂牌使用;

c. 扣件的扭力矩,应按规范要求测试,抽点验收。

(2)施工通道防护栅、护线架。

①井架进出口及建筑物底层主要出入口必须搭设双层防护栅。防护栅必须经验收合格签字后使用。

②施工区域内,公用管线距离施工近的,需搭设护线架。护线架按各类公用事业规定的要求进行施工。

(3)施工阶段的围挡封闭。

全面实施围挡封闭施工,并加反光锥。作业层围挡封闭高度 1.5m 以上,封闭采用密目式安全网,达到文明和安全的要求。

(4)小型施工机械、器材的管理。

①手持电动机具。

a. 必须单独安装漏电保护器;

b. 机具防护罩壳必须齐全、有效;

c. 外壳必须有效接地或接零;

d. 橡皮电线不得破损。

②电焊机。

a. 有可靠的防雨措施;

b. 有良好的接地或接零保护;

c. 配线不得乱拉乱搭,焊把绝缘良好;

d. 乙炔发生器与明火距离应大于10m;必须装有回火防止器;应有保险链、防爆膜,保险装置必须灵活可靠,使用合理。

③水泵。

a. 电源线不得破损;

b. 有良好的接零保护装置;

c. 应单独安装漏电保护器,灵敏可靠。

④施工机械的资料管理。

必须建立施工现场的机械设备使用台账,以检测机械设备在施工现场的安全运行是否处于受控状态。该项工作也是现场施工管理中必不可少的内容。台账应包括的内容有:

a. 大型施工机械的施工组织设计资料,包括大型施工机械的安装和拆卸的技术方案和安全作业的技术措施。

b. 机械设备租赁使用协议书或合同书。

c. 机械设备安全生产的(出租与承租双方)责任协议书。

d. 大型施工机械设备安装调试完毕的验收书。

e. 特殊工种作业人员(机组的机操工、驾驶员、起重工和指挥员)的登记名册。

f. 机组人员上岗操作的安全技术交底书。

g. 机械设备定期检查资料以及设备隐患整改单和整改情况记录。

⑤机械设备的使用和维护。

为保障机械设备在施工现场安全运行,首先机械设备方应确保将完好的机械设备提供给施工现场使用。无法正常运行的机械设备及缺少安全装置或安全装置失效的机械设备不得进入施工现场。

施工现场应负责为机械设备进入现场作业而提供道路、水电、临时机棚或停机场地等必需的条件,并消除对机械设备作业有妨碍的或不安全的因素,需夜间作业的必须设置充足的照明。

机械设备进入现场的作业点后,施工技术人员应向机械操作人员进行施工任务及安全技术措施的书面交底,操作人员应熟悉现场环境和施工条件,听从指挥,遵守施工现场安全规则。

⑥机械设备的操作人员管理。

机械设备的专业操作人员应持有效证上岗,并佩戴胸卡。在岗时不得随意离开操作岗位,如需人员离机,必须切断设备的总电源开关,锁好电闸箱,以防他人误操作。

机组人员应定期做好机械设备的注油润滑保养工作,并做好例保记录、安全上岗记录、运行时间记录和交接班记录。

(5)氧气瓶、乙炔气瓶。

①各类气瓶应有明显色标和防震圈,并不得在露天曝晒;

②乙炔气瓶与氧气瓶距离应大于5m;

③乙炔气瓶在使用时必须装回火防止器；

④皮管应用夹头紧固；

⑤操作人员应持有效证件上岗操作。

6）不同施工阶段的具体安全措施

(1)结构施工安全措施。

①钢筋施工。

a.钢筋断料、配料等工作应在地面进行。

b.搬运钢筋时应注意附近有无障碍物、架空电线和其他临时电气设备,防止碰撞引发触电事故。

②模板施工。

a.撑模、拆模时,不得使用腐烂、跷裂、暗伤的木质脚手板,亦不得使用 $50\text{mm} \times 100\text{mm}$ 的木条或薄板作立人板。不准在脚手架上堆放大量模板等材料。

b.支承模板时,木工应保管好随身带的工具,如中途停歇应将搭头及支承钉牢,拆模间歇时应将已活动的模板、牵杠、支承等运走或妥善堆放,防止坠落伤人。

c.拆模板必须一次拆清,不得留有无撑模板,拆下的模板要及时清理,堆放整齐。

③混凝土施工。

a.施工用电的一般规定。

(a)现场施工用电必须采用三相五线制。

(b)配电箱必须设置总开关,同时做到一机一闸一漏电保护器。

(c)照明与动力用电严禁混用,插座上标明设备使用名称。

(d)电缆线及支线架设必须架空或埋地,架空敷设必须采用绝缘子,不得直接绑扎在金属构架上,严禁用金属裸线绑扎。

(e)移动电箱内动力与照明严禁合置,应分箱设置。

(f)施工现场的电气设备设施必须有效的安全管理制度,现场电线电气设备设施必须有专业电工经常检查整理,发现问题必须立即解决。凡是触及或接近带电体的地方,均应采取绝缘保护以及保护安全距离等措施。电线和设备选型必须按国家标准限定安全载流量。所有电气设备和金属外壳必须具备良好的接地和接零保护,所有的临时电源和移动电具必须装配有效的二级漏电保护开关。十分潮湿的场所必须使用安全电压,设置醒目的电气安装标志,无有效的安全措施的电气设备不准使用。电线和设备安装完毕以后,由动力部门会同安全部门对施工现场进行验收,合格后方可使用。经常对职工进行电气安全教育,未经考核合格的电工、机工和其他人员一律不准上岗作业。每日收工和节假日前必须拔掉熔断丝,切断电源。

b.施工用电的安全保证措施。

(a)电缆线沿围墙一周用绝缘子架空,隔 $20\sim40\text{m}$ 设一个 $100\text{A}$ 的施工电箱。

(b)大楼内临时施工用电由管道井架设线架用绝缘子固定接入,在每个施工段配置一施工电箱。

(c)电缆的接头不许埋设和架空,必须接入接线盒并附在墙上。接线盒应能防水、防尘、防机械损伤并应远离易燃、易爆、易腐蚀场所。

(d)所使用的配电箱必须是符合《施工现场临时用电安全技术规范》(JGJ 46—2005)要求的铁壳标准电箱。

(e)开关箱的电源线长度不得大于30m,并且与其控制固定式用电设备的水平距离不宜超过3m。

(f)所有配电箱、开关箱必须编号,箱内电气完好匹配。

(g)接地:工作接地的电阻值不得大于4Ω。保护中性线每一重复接地装置的接地电阻值应不大于10Ω。并由电工每月检测一次,做好原始记录。

(h)保护中性线必须选择截面面积不小于10mm$^2$的绝缘铜线,统一标志为绿/黄双色线,在任何情况下不准使用绿/黄比色线作负荷线。

(i)所有电机、电器、照明器具、手持电动工具的金属外壳、不带电的外露导电部分,应做保护接零。

(j)所有的电机、电器、照明器具、手持电动工具的电源线应装置二级漏电闸保护器。

(k)室外灯具距地面不得低于3m,室内灯具距地面不得低于2.4m。

(l)施工现场严禁使用花线、塑料胶质线作拖线箱的电源线,严禁使用木制的拖线箱、板及民用塑壳拖线板。

c.对混凝土振动机具,使用前应检查电源电压、漏电开关、保护电源线路是否良好,电源线不得有接头。振动机具移动时,不能硬拉电线,更不能在钢筋及其他锐利物上拖拉,防止割破或拉断电线,而造成触电伤亡事故。

(2)顶升阶段的施工安全措施。

①顶升期间,所有工作人员必须佩戴安全帽。

②顶升过程当中,严禁工人在顶铁附近走动。

③顶升期间,所有工作人员必须服从命令听指挥。

④顶升期间,未经许可,任何人不得进入总控室及液压泵站附近。

(3)施工中及其他安全措施。

①消防管理措施。

a.现场组建以项目经理为第一责任人的防火领导小组和义务消防队员、班组防火员,消防干部持证上岗。

b.施工现场配备足够的消防器材,统一由消防干部负责维护、管理、定期更新,保证完整、好用,并做好书面记录。

c.一般临时设施,每100m$^2$场地配备2只9L灭火器,临时木工间、油漆间等每25m$^2$空间配1只种类合适的灭火器。

d.电焊工在动用明火时必须随身带好"二证"(电焊工操作证、动火许可证)、"一器"(消防灭火器)、"一监护书"(监护人职责交底书)。

e.气割作业场所必须清除易燃物品,乙炔气瓶和氧气瓶存放距离不得小于2m,使用时两者的距离不得小于5m。

f.制订灭火施救方案,在自救的同时及时报警。

②突发事件应急措施。

根据工程施工现场和周围环境等具体情况,制订有针对性的关于施工过程的应急措施。

治安管理:施工人员如发生打架斗殴、流血事件,应立即制止,在不能控制现场事态的情况下,立即拨打110电话。

停电处理:为确保混凝土浇捣顺利进行,现场准备柴油发电机,并在混凝土浇捣前预先考虑好施工缝的留设位置,以备浇筑过程中突遇大雨造成的停工。

不受现场火灾停电的影响。施工现场、生活区按规定配置灭火器,如发生火灾,应立即切断电源,疏散人员,将氧气瓶、乙炔气瓶等易燃易爆物品及时转移到安全地带。同时组织人员利用灭火器材进行灭火,并拨打119电话,组织好消防车的进出场工作。

### 本章思考题

1. 桥梁养护工作的主要要求有哪些?
2. 桥梁养护工作分为哪几种类型?
3. 桥梁支座常见缺陷有哪些?
4. 简述桥梁支座顶升更换的施工内容和步骤。
5. 桥梁横向坡度的找坡方法有哪几种?各有何特点?
6. 对不同宽度的混凝土裂缝修补方案如何选择?各方案的施工内容和步骤是什么?
7. 简述粘贴钢板加固的技术要点。
8. 简述更换T形梁的基本步骤。
9. 简述桥面修复的内容和步骤。
10. 简述加固改造工程施工的质量保证体系的内容。
11. 简述加固改造工程施工的安全保证体系的内容。

# 第 5 章

# 顶推技术在桥涵工程中的应用

## 5.1 桥涵顶推施工形式

桥涵顶推施工形式主要有以下几种：①桥涵下穿既有道路或铁路时，采用箱形框架结构形式，预制完成后，采用边开挖前方土方、边顶推就位的方式施工；②桥梁上部结构为预应力钢筋混凝土梁或连续梁时采用异位提前预制，再采用顶推（或牵拉）就位的方式施工；③桥梁上部结构为钢梁（或钢与混凝土组合梁）时，采用场外制作加工、场内异位拼装，再采用顶推（或牵拉）就位的方式施工。此三种情况均为桥涵顶推施工常用的形式。

### 5.1.1 箱涵顶推

当新建道路必须从铁路、道路路基下通过时，对原有路线采取必要的加固措施后，可采用箱涵顶推施工技术。箱涵顶推施工技术一般是在桥涵后方设置顶推后背为顶推提供顶推反力，在箱形桥梁底板与顶推后背间安装顶推千斤顶提供顶推力。为了便于顶推施工，首先在施工现场进行基坑开挖，然后在基坑内浇筑混凝土底滑板，在底滑板与预制箱涵间撒上滑石粉、铺设油毡纸将箱涵与底滑板分隔并减小顶推时的摩擦阻力，再在底滑板上进行箱涵的预制，同时用方木等加强顶推的后背以便于千斤顶施力，在箱涵强度达到要求后进行顶推施工。

1. 基本要求

(1) 箱涵顶推前应检查验收箱涵主体结构的混凝土强度，顶推后背应符合设计要求。应检查顶进设备并进行预顶推试验。

(2) 顶推作业应在地下水位降至基底以下 0.5~1.0m 后进行，并宜避开雨期施工；若在雨期施工，必须做好防洪及防雨排水工作。顶推挖运土方应在车辆运行间隙时间内进行。在开挖面应设专人监护。应按照侧刃脚坡度及规定的进尺由上往下开挖，侧刃脚进土应在0.1m 以上。开挖面的坡度应严格按规范要求确定，并严禁逆坡挖土，不得超前挖土。严禁扰动基底土壤，并应随挖随顶防止路基塌方。

(3) 当地表水位较高时，为有效提高地基承载力，可采用井点降水的方式将表下水位降至箱涵底部以下 1m 范围；保持原状土比箱底高程高出 5cm 左右；万一超挖则应回填夯实后再顶推。

(4) 顶力及顶推后背的设计要以箱涵混凝土与土体摩擦系数、箱涵自重为基础，千斤顶的总顶力按1.5的安全系数配置;顶推后背的安全系数亦按1.5考虑。

(5)顶推箱涵下穿铁路时,施工单位必须具备铁路施工资质,需对铁路按规范要求进行加固并限速运行(一般站区5~10km/h,区间45km/h以内)。施工方案需经铁路局集团公司批准,且需供电等相关部门签订协议配合施工。

2. 箱涵顶推的测量与校正

1)测量工作

为了准确掌握箱涵顶推的方向和高程,应在箱涵的后方设置观测站,用于观测箱涵顶推时的中线和水平偏差。观测站应离顶推后背稍远,以避免顶推后背变形而影响观测仪器的稳定。

2)顶推中校正水平与垂直误差的方法

常用的校正方法有下列几种:

(1)加大刃脚阻力,避免箱涵低头。

(2)在刃脚处适当超挖,调整抬头现象。

(3)校正水平偏差必须在箱涵入土前,把正方向,以避免发生误差,箱涵顶出滑板后的方向,一般可用调整两侧顶升力或增减侧刃脚阻力的办法进行校正。

(4)在顶推工作中,必须树立"预防为主、校正为辅"的思想,以便稳步前进。通常多将工作坑中的滑板留1%的仰坡,使箱涵顶出滑板时先有一个预留高度。

(5)为了防止低头,还可在箱涵底板前端设船头坡。船头坡不宜太陡,一般坡长1m,坡度5%,形成一个上坡的趋向,必要时也可垫混凝土板,使箱涵强制上坡。

3. 安全措施

箱涵在穿越铁路、桥涵和管线等结构时可采取以下安全防护措施:

(1)铁路路基下顶推箱涵时,为确保行车与施工安全,必须进行铁道线路加固,并限制行车速度。

(2)小型箱涵可用调轨梁、轨束梁加固线路。

(3)孔径较大的箱涵可用横梁加盖、纵横梁加固,或采用工字轨束梁体或钢板脱壳法加固,同时应严格控制车速。

(4)在土质差、地基承载力低、土壤水分含量高、铁路行车繁忙、不允许限速太低的情况下,可采用低高度施工变梁的方法。

(5)箱涵穿越管线时可采用暴露管线和加强施工监测的保护方法。在顶推过程中,应对原线路加固系统、箱体各部位、顶力系统和顶推后背进行测量监控。测量监控方案应纳入施工组织设计或施工技术方案中。

## 5.1.2 预应力钢筋混凝土简支梁或连续梁桥顶推

预应力钢筋混凝土简支梁或连续梁桥顶推法是沿桥梁纵轴顶推,施工时在桥台后设置预制场地,分节段预制梁体并用纵向预应力钢筋将各节段连成整体,然后通过水平液压千斤顶施力,借助不锈钢板与聚四氟乙烯板组成的滑动装置,将梁体逐段向对岸推进,待全部顶推就位后,落梁,更换下式支座,完成桥梁施工,如图5-1所示。

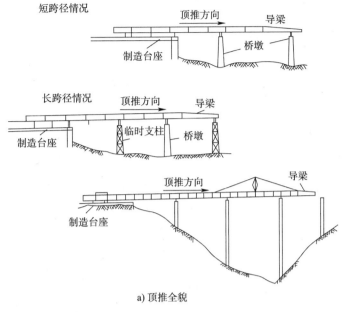

a) 顶推全貌

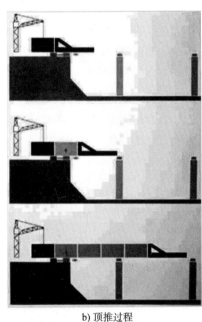

b) 顶推过程

图 5-1 顶推施工图

顶推法施工不仅用于连续梁桥,还可用于其他桥型。如简支梁桥可先连续顶推施工,就位后解除梁跨间的连接;拱桥的拱上纵梁可在立柱间顶推施工;斜拉桥的主梁用顶推法施工;等等。顶推法还可在立交箱涵、地道桥中使用。

1. 顶推法分类

顶推的施工方法多种多样,依据顶推的方式可分为单点顶推和多点顶推。

1) 单点顶推

顶推的装置集中在主梁预制场附近的桥台或桥墩上,前方墩各支点上设置滑动支承。顶推装置可分为两种:一种是由水平千斤顶通过给预制梁段一个顶推力;另一种是水平千斤顶和竖向千斤顶联合使用,顶推预制梁段前进。

单点顶推使用的设备数量少且易于集中和同步施工,但缺点是所需设备功率以及墩台的受力都比较大。顶推装置是沿箱梁两侧的牵动钢杆通过水平千斤顶给预制梁段一个顶推力,再联合水平和竖向千斤顶顶推预制梁段前进。主要施工流程为:顶梁→推移→竖向千斤顶落下→水平千斤顶的活塞杆收回,如图5-2所示。由于顶推装置主要集中在台后而滑动支承都设置在前方各支点上,因此滑块可以在不锈钢板上不断地滑动并且在前方滑出,然后不断从滑道的后方喂入下一块滑块,带动梁身前进。

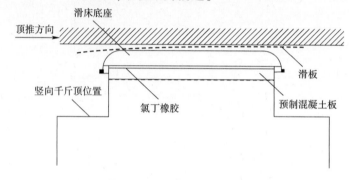

图 5-2 顶推使用的滑道装置

2) 多点顶推

多点顶推的方法主要是在每一个墩上都加设一对小吨位(40~80t)的水平千斤顶,这样顶推力不会集中而是被分散到了各个墩上。多点顶推的施工关键主要在于它的同步,为了保证同步进行施力,应该采用一套液压、电路相结合的控制系统,比如PLC液压同步控制系统等,这样就能够保证进行集中控制、分级调压,也就可以进行同时启动、同步前进还有同时停止操作。但这种方法从安全角度考虑必须设置意外急停措施,即应在各机组以及观测点上设置一个触发急停按钮,只要按下任意一个按钮就能同时停止全部机组的工作。这种顶推方法使得每个桥墩所承受的水平推力被相应分散而变小,因此柔性墩上十分适合采用这种多点顶推的方法。近几年拉杆式的多点顶推方法在我国也逐渐普及,这不仅是因为多点顶推有以上特点,还因为其所需的顶推设备的吨位小,比较容易获得。对于多联桥的顶推,可以采用先分步顶推然后再通联就位的方式,也可以采用先连接再一起进行顶推的方式。

拉杆式顶推方法是在每个墩位上设置一对液压穿心式水平千斤顶,每侧的拉杆使用一根或两根φ25的高强度螺纹钢筋,它的前端通过锥形楔块固定在水平顶活塞的头部,另一端使用特制的拉锚器、锚定板等连接器与箱梁连接,水平千斤顶固定在墩身特制的台座上,同时在梁位下设置滑板和滑块,当水平千斤顶施顶时,带动箱梁在滑道上向前滑动。拉杆式顶推装置如图5-3所示。

多点顶推装置由竖向千斤顶、水平千斤顶和滑移支承组成。施工流程为:落梁→顶推→升梁和收回水平千斤顶的活塞→拉回支承块,如此反复作业。

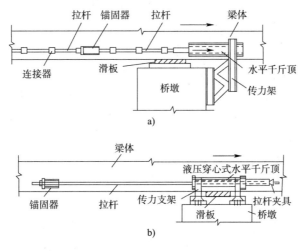

图 5-3 拉杆式顶推装置

2. 施工工艺

(1) 架设导梁。导梁设置在主梁的前端,为等截面或变截面的钢桁梁和钢板梁,主梁前端装有预埋件,与钢导梁栓接。在外形上,导梁底缘与箱梁底应在同一平面上,前端底缘呈向上的圆弧形,以便于顶推时顺利通过桥墩。导梁长度一般取用顶推跨径的60%~80%,刚度一般为主梁刚度的1/15~1/9。

(2) 架设临时墩。临时墩最大跨径一般不超过50m,能够承受顶推过程中的最大竖向荷载及水平摩阻力,沉降量满足结构变形要求。

(3) 选择顶推装置。选择顶推千斤顶时,额定荷载值不小于计算顶推力的2倍。

(4) 设置纠偏及防滑装置。要在顶推平台及每个临时墩上设置纠偏装置,即设置横向千斤顶。在竖曲线上顶推时,应设置防逆向滑移的千斤顶。

(5) 拆除导梁及滑道。

(6) 调整支座。

3. 监控

主要对临时墩、钢导梁和钢箱梁进行监控,主要的监控指标如图5-4所示,各监控指标均要满足相关规范和设计要求。

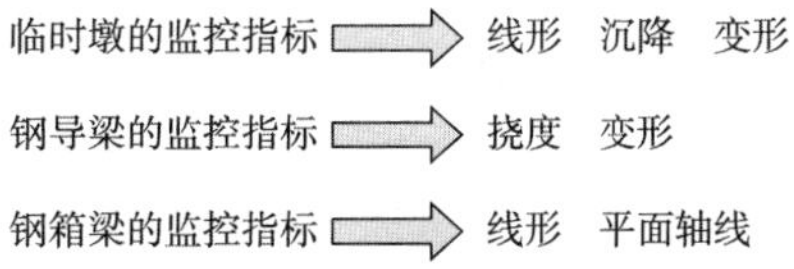

临时墩的监控指标 ⇒ 线形 沉降 变形
钢导梁的监控指标 ⇒ 挠度 变形
钢箱梁的监控指标 ⇒ 线形 平面轴线

图 5-4 监控指标

# 5.2 桥涵顶推施工案例
——西安市建工路高架桥顶推工程

## 5.2.1 工程概况

西安市建工路高架桥工程上部结构均为钢箱梁,沿建工路中央绿化带两侧进行布置,分南北两幅桥,桥型布置共分八联,为 3×35m(第一联)+3×35m(第二联)+3×35m(第三联)+3×35m(第四联)+(48m+60m+48m)(第五联)+3×35m(第六联)+3×35m(第七联)+3×35m(第八联),梁重暂按每延米 12t 考虑。桥梁的宽度为 12.75m,桥梁上部钢箱梁在绿化带内上方,钢箱梁成桥后占用绿化带横桥向尺寸为 9.4m。

该项目的施工难点是如何少占用绿化带,减少绿植的迁改和恢复的费用,降低对绿植的破坏,又不提高钢箱梁安装的总体造价。具体的桥梁横断面如图 5-5 所示。

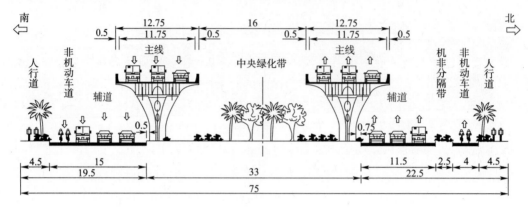

图 5-5 桥梁横断面(尺寸单位:m)

## 5.2.2 顶推总体施工方案

1. 顶推方案

根据建工路高架桥钢箱梁的具体特点和在施工中尽可能不对中央绿化带造成任何破坏的要求,采用顶推施工的方法进行钢箱梁的安装。钢箱梁分为两种:一种是 3×35m 钢箱梁,为等高截面钢箱梁;另一种是 48m+60m+48m 连续钢箱梁,为变截面钢箱梁。

1) 3×35m 钢箱梁顶推施工方案

对 3×35m 钢箱梁,采用纵向顶推施工方案。在桥位固定区域进行拼装,拼装完成后再进行桥梁纵向顶推,顶推至桥位后进行落梁施工,安装支座,最终完成桥梁顶推施工。整座桥梁分四个区段进行顶推施工,在 11#~13#墩、16#~18#墩南北幅桥位设置整联桥的支架,共需设四组支架即可完成全桥 35m 跨钢箱梁的安装任务,不需每跨均设支架,支架数量少。该方案拼装时占用部分桥位进行安装,拼装支架占用部分绿化带,安装、焊接和涂装过程中均在固定区域,对其他跨的绿植不会造成任何破坏。

2) 48m+60m+48m 连续钢箱梁顶推施工方案

对 48m+60m+48m 连续钢箱梁,采用纵向顶推施工方案。主要考虑中跨拼装对公园路口交通的影响,采用在两侧边跨支架上进行拼装,先从两侧纵向顶推,在中跨合龙后再进行全桥的边跨拼装。对南北幅桥均在 13#~14#墩、15#~16#墩进行支架搭设和拼装,拼装完成后进行纵向顶推施工。顶推至路中合龙后再进行其边跨的拼装及落梁。采用顶推施工不需对公园路口进行分道,可避免钢梁安装对公园路口交通的影响。

## 2. 顶推施工参数

(1)顶推质量。

3×35m钢箱梁顶推质量为1260t;48m+60m+48m连续钢箱梁顶推质量为864t。

(2)顶推距离。

3×35m钢箱梁顶推距离最远420m;48m+60m+48m连续钢箱梁顶推距离为30m。

(3)顶推速度。

顶推速度按8~12m/h进行控制(计算速度按11m/h计)。

(4)顶推动力储备系数。

顶推动力储备系数一般不小于2,实际作业中所采用设备的储备系数往往会远大于规范要求,如在本案例中,3×35m钢箱梁顶推启动时的动力储备系数为5.71(2台250t千斤顶同时作用,摩阻系数按0.07考虑);顶推时的动力储备系数为13.3(2台250t千斤顶同时作用,摩阻系数按0.03考虑)。

48m+60m+48m连续钢箱梁顶推启动时的动力储备系数为8.26(2台250t千斤顶同时作用,摩阻系数按0.07考虑);顶推时的动力储备系数为19.29(2台250t千斤顶同时作用,摩阻系数按0.03考虑)。

(5)顶推牵引索安全系数。

3×35m钢箱梁的顶推牵引索安全系数为3.42(采用6 $\phi^s$15.2钢绞线);48m+60m+48m连续钢箱梁的顶推牵引索安全系数为3.57(采用6 $\phi^s$15.2钢绞线)。

(6)顶推就位轴向误差。

轴向误差为±10mm。

(7)滑道安装精度。

滑道顶面相对高差不大于2mm。

## 3. 箱梁拼装场地设置

1)顶推梁段拼装场地设置

3×35m钢箱梁顶推段在11#~13#墩、16#~18#墩南北幅桥位设置整联桥的拼装支架,共设四个拼梁场地,拼装场地长度按照120m设计。各永久墩之间架设拼梁用的临时墩,永久墩上放置顶推千斤顶,顶推千斤顶采用2台250t连续千斤顶。

48m+60m+48m连续钢箱梁顶推段拼装场地设在南北幅桥13#~14#墩、15#~16#墩,拼装场地长度按照48m设计。各永久墩之间设置临时墩,永久墩上放置顶推千斤顶,同样采用2台250t连续千斤顶。

2)拼装支架设置

钢箱梁拼装支架采用3.3m标准支架和1.0m标准支架,如图5-6所示,根据支架高度进行组拼,支架间设置"X"形拉杆。支架基础采用扩大基础。

## 4. 顶推施工流程

本次顶推采用单点连续顶推就位,两台千斤顶共同作用牵引梁体就位。

3×35m钢箱梁顶推施工工艺流程(以北幅一-四联为例):

设立拼装支架(共设四处拼装支架)→第一联钢箱梁拼装、焊接→安装钢箱梁顶推时的前导梁→安装永久墩顶的垫梁、安放滑道→安装纵向顶推千斤顶及牵引钢绞线束→安装顶推时的横向纠偏装置→进行梁体纵向顶推施工→第一联顶推至指定位置→第二联箱梁拼装、焊接并与第一联连接→第一、二联顶推至指定位置→第三联箱梁拼装、焊接并与第二联连接→第一、二、三联顶推至指定位置→第四联箱梁拼装、焊接并与第三联连接→顶推至梁体成桥位置→拆除顶推时的前导梁→梁体切割→起落梁、拆除滑道→安装支座→完成该处钢箱梁顶推施工。

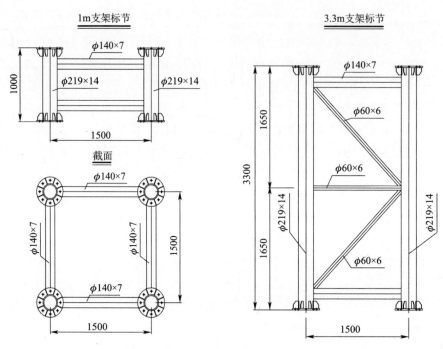

图 5-6　标准支架(尺寸单位:mm)

首先,顶推施工北幅一-四联,北幅施工就位后进行南幅一-四联钢箱梁顶推施工;然后,进行北幅五-八联钢箱梁拼装顶推施工;最后,进行南幅五-八联钢箱梁拼装顶推施工。

48m+60m+48m 连续钢箱梁顶推施工工艺流程:

设立拼装支架(共设四处拼装支架)→在支架上设置纵向顶推用连续滑道,安装滑移钢轨→分不同支点高程安装滑靴→进行钢箱梁的拼装、焊接→安装钢箱梁顶推时前端的移梁小车→安装纵向顶推千斤顶→安装顶推时的横向纠偏装置→进行梁体纵向顶推施工→采用边拼装边顶推的方法进行顶推施工→顶推至梁体中跨进行合龙→拆除顶推时的移梁小车→起落梁、拆除滑靴→拆除临时机构→安装支座→完成该梁段的顶推施工。

### 5.2.3　施工组织

集中人力资源及技术优势,建立业务精、技术好、能力强的项目班子,选择满足各种工艺技术施工要求的工人骨干队伍投入本工程施工,设置适合本工程特点的组织机构及各种岗位职责,制定各种规章制度,确保机构正常运行,从人员数量和素质、机构设置、制度建设等方面保证本次顶推施工安全顺利完成。

1. 施工组织机构

健全的组织机构是实施质量管理和质量控制的基本保证。建立工程项目部施工组织机构，以保证本工程项目安全质量目标的实现，保持安全质量管理体系的有效运行，全面满足施工要求。

选用施工能力强、技术过硬的人员成立顶推施工领导小组。项目经理任组长，具体负责人力管理、设备设施、工程资金等方面的总体协调与保证，同时负责工程计划、组织、施工、控制及协调，实行目标方针的管理，确保顶推顺利实施。

2. 施工投入的设备、设施

顶推牵引系统主要由同步顶推控制系统、连续顶推千斤顶、反力座、牵引钢绞线、拉锚器组成，顶推施工主要机械设备和设施见表5-1；纠偏千斤顶采用20t螺旋千斤顶，其技术参数如表5-2所示；落梁采用500t双作用千斤顶，其具体技术参数见表5-3。

顶推施工主要机械设备和设施　　　　　　　　　　　　　表5-1

| 序号 | 名称 | 单位 | 数量 | 备注 |
|---|---|---|---|---|
| 1 | 同步顶推控制系统 | 套 | 4 | 配远程无线监控笔记本电脑 |
| 2 | 250t连续顶推千斤顶 | 台 | 10 | 动力系统，备用2台 |
| 3 | 顶推液压泵站 | 台 | 10 | 供油系统，与千斤顶配套 |
| 4 | 500t双作用千斤顶 | 台 | 18 | 落梁动力，备用2台 |
| 5 | 顶升液压泵站 | 台 | 8 | 落梁千斤顶供油 |
| 6 | 20t螺旋千斤顶 | 台 | 10 | 横向纠偏调整 |
| 7 | ZB4-500油泵 | 台 | 5 | 200t千斤顶供油，与千斤顶配套 |
| 8 | 200t油压千斤顶 | 台 | 5 | 导梁前端提升，备用1台 |
| 9 | 200kW发电机 | 台 | 2 | 备用 |
| 10 | 25t起重机 | 台 | 2 | 吊装钢管柱、装卸导梁等 |
| 11 | 100t起重机 | 台 | 1 | 吊装钢管柱、装卸导梁等 |

20t螺旋千斤顶技术参数　　　　　　　　　　　　　　　表5-2

| 名称 | 直径(mm) | 高度(mm) | 顶升力(kN) | 行程(mm) |
|---|---|---|---|---|
| 20t千斤顶 | 80 | 425 | 200 | 200 |

500t双作用千斤顶的技术参数　　　　　　　　　　　　表5-3

| 名称 | 直径(mm) | 高度(mm) | 压力(MPa) | 顶升力(kN) | 行程(mm) |
|---|---|---|---|---|---|
| 500t双作用千斤顶 | 500 | 515 | 51 | 5000 | 140 |

1) 本工程选用的顶推控制系统

本工程选用250t连续全套系统，包括10台250t连续顶推千斤顶(图5-7)、5台顶推液压泵站(图5-8)、4台计算机集中控制主控台及连接系统的高压油管，顶推控制系统技术参数如表5-4所示。

图5-7 连续顶推千斤顶

图5-8 顶推液压泵站

顶推控制系统技术参数表　　　　　表5-4

| 序号 | 设备名称 | 公称压力（MPa） | 顶推力（kN） | 油泵流量（mL/r） | 设备功率（kW） | 数量 |
|---|---|---|---|---|---|---|
| 1 | 250t连续顶推千斤顶 | 31.5 | 2500 | — | — | 8用2备共10台 |
| 2 | 顶推液压泵站 | 31.5 | — | 40 | 22 | 4用1备共5台 |
| 3 | 计算机集中控制主控台 | — | — | — | — | 4台 |

(1) 顶推作业平台。

顶推作业平台采用钢管脚手架从地面起进行搭设，上面满铺5cm的木跳板，顶推作业平台顶面与顶推千斤顶的距离为1.2m，四周用脚手架设围栏。

(2) 牵引反力座设置。

牵引反力座设置在主桥永久墩顶上，采用单点顶推。顶推液压泵站、主控台设置在墩侧。

(3) 同步顶推的实现。

在顶推过程中虽然不能保证摩擦力达到一致，但可通过保证顶推力的一致来减少结构偏转的不利情况的发生。可通过以下三点来保证同步顶推的进行：

①由于调速阀具有自动稳定输出流量不受负载变化影响的功能，因此设备调试时只需通过调整各台泵站的调速阀来调整进入千斤顶的流量，从而达到调整各顶运动速度使其一致的目的。

②通过同步调整各泵站溢流阀来实现输出油压的同步加载。

③通过各千斤顶的位移同步传感器控制千斤顶的位移量输出，将各台顶推千斤顶的位移精度控制在3mm之内。

(4) 全桥的顶推千斤顶集中控制与检测。

对全桥的顶推千斤顶进行集中控制，检测设备的完好性、安全性、准确性。专业厂家提供设备，并调试、操作，保证同步、连续顶推的实现。

2)顶推操作系统

顶推操作系统由计算机集中进行控制,计算机通过顶推控制系统驱动泵站和顶推千斤顶进行作业,顶推操作系统可对位移计顶推力进行设置,并能对顶推过程中的参数进行实时显示和记录。顶推同步通过位移同步的方式来实现。顶推操作系统操作界面如图5-9所示。

图5-9 顶推操作系统操作界面

3. 施工场地布置

施工场地主要布置在公园路口两侧,共设四个拼装场地,满足3×35m钢箱梁和48m+60m+48m连续钢箱梁拼装及顶推施工的要求。

## 5.2.4 顶推施工准备工作

1. 施工前的准备工作内容

1)技术准备

(1)组织专业技术人员熟悉设计图纸,详细了解设计意图、工艺特点、技术要求,认真做好图纸的会审,熟悉相关标准及规范。

(2)根据有关设计要求及本桥结构特点,分析本工程的施工顺序、施工难点及需配置的各种设备。

(3) 集中技术骨干讨论、修改、完善工艺及顶推技术方案。

(4) 分级进行技术交底工作,使参与施工的全体人员都了解工程的设计意图、结构特点及工艺方法。清楚施工的步骤和要点,明确质量标准和预制要点。

(5) 顶推施工,配置相应的机械设备。

(6) 根据顶推工艺要求及构件组合形状、质量,顶推场地情况,选择合适的顶推机具设备,确定施工现场的平面布置、道路要求、供电配电要求、施工人员配置和施工进度计划,构配件需要量计划等。

(7) 根据以上条件完成施工方案的总体设计。

2) 施工人员准备

(1) 顶推前要成立专门顶推技术小组,各小组成员均应具备相应专业知识,同时明确各成员的分工。所有成员在顶推施工过程中各司其职。

(2) 施工人员使用的安全带、绳、网都应经过检查合格后再投入使用,现场用的警示牌、拉绳应提前准备好。

3) 物资和设备准备

(1) 机具的准备。根据方案确定好机械设备并进行配置,各种设备在开工前三天进入施工现场进行组装、调试,以保证开工后各项作业顺利进行。与起重机、机具配套的吊具、吊索也应在开工前配套准备完毕并经安全检查后合格。

(2) 施工使用的工具,应根据施工工艺及顺序提前制作完毕并检验。

4) 墩顶预埋件安装

提前架设好顶推过程中的临时墩,同时各种预埋件安装要齐全,不得遗漏。

2. 施工准备工作的流程

施工准备工作的流程如图 5-10 所示。

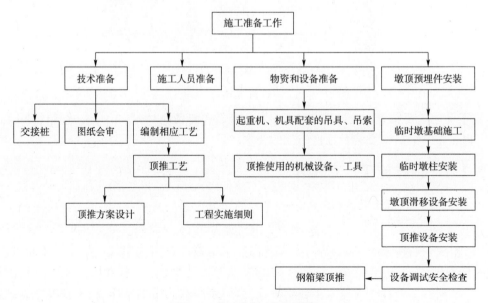

图 5-10 施工准备工作流程图

## 5.2.5 顶推中的关键技术措施

1. 顶推节段长度、顶推距离的确定

(1)考虑施工现场对安全施工的要求,认真对比分析顶推布置方案,以确定相关技术参数。

(2)3×35m钢箱梁前导梁长度确定为12.5m。48m+60m+48m连续钢箱梁采用无导梁方案。

(3)顶推段长度确定为:3×35m钢箱梁顶推段梁长420m(四联);48m+60m+48m连续钢箱梁顶推段梁长78m。

(4)顶推过程中,3×35m钢箱梁顶推段前端最大悬臂35m,尾端无悬臂;48m+60m+48m连续钢箱梁顶推段前端无悬臂。

2. 滑道形式

3×35m钢箱梁的滑道采用新型链轮滚轴滑道式,如图5-11所示。

48m+60m+48m连续钢箱梁顶推采用拼装支架(图5-12)。该支架不仅要满足梁段拼装的要求,还要满足纵向顶推设置连续滑道、在连续滑道上设置钢轨的要求。图5-13中的工字钢梁即为顶推时的连续滑道上设置的钢轨。

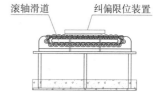

图5-11 链轮滚轴滑道示意图

图5-12 拼装支架

图5-13 连续滑道上设置的钢轨

为适应梁体变高度的要求,调整不同点的梁体高度,在滑道上设置钢滑靴用于调整高度以确保顶推时顶推曲线在同一平面上。滑靴用钢板焊接而成,如图5-14所示。

3. 导梁设置

1)钢导梁的构造

3×35m钢箱梁均设前钢导梁,前钢导梁长为12.5m。导梁采用钢板焊接制作然后平联组合。如图5-15所示,前钢导梁前端0.5m范围作80cm错台,以便导梁前端到达前支承点时,通过千斤顶等设备顶升前钢导梁前端,使导梁顺利到达墩顶滑道;导梁与钢箱梁连接采用工地现场熔透焊的方法。

图5-14 钢轨上设置的钢滑靴

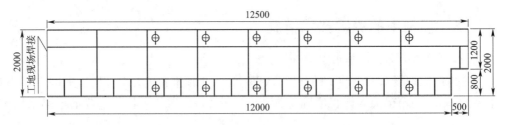

图 5-15　导梁连接部位示意图(尺寸单位:mm)

2)钢导梁现场拼装

(1)前钢导梁在钢梁前端位置拼装。

(2)钢导梁拼装作业,必须保证机械作业安全(图 5-16、图 5-17):起重机行走路线固定,施吊作业位置地基承载力符合要求,支承脚支设稳固,防止起重机作业过程中倾倒;起吊时必须先试吊。

图 5-16　导梁过墩提升上滑道方式

图 5-17　顶推中导梁接近下一滑道图

(3)钢导梁安装质量必须严格控制,保证钢导梁与钢梁连接部位导梁下翼缘板与箱梁底板在同一平面,无错台、无弯折角度;保证两侧导梁下翼缘板在同一平面,无相对扭转变形;保证两侧导梁的轴线、间距正确。

(4)钢导梁拼接完成后,整体质量的验收以导梁下翼缘板的直线度、平整度、粗糙度为重要指标,特别是焊接处,避免弯折角度的出现,同时将下翼缘板下表面焊缝余高磨平。

(5)前钢导梁拼装完成,外观验收合格后,在前端桥墩顶安放千斤顶(200t,2 台),两侧同步向上顶升钢导梁,进行钢导梁预顶试验。导梁预顶合格,方可投入使用。

3)钢导梁现场拆除方法

(1)在顶推到位后拆除导梁,导梁用起重机拆除。

(2)在没有搭设拆除操作平台的环境下拆除,施工存在安全风险,拆除操作人员必须拴挂安全带作业。

(3)起重机就位,拴好起吊钢绳索并适当收紧受力后,首先拆除通过凸缘连接的节点,再割开焊接节点。

(4)调整吊绳受力角度、松紧程度,拴拉缆绳,避免构件松开约束后大幅度反弹,引发安全事故。

4. 顶推限位

(1)在各永久墩墩顶两侧对称安装横向导向钢架,限制拼装体移动过程中的横向位移。由于顶推过程中梁体呈蛇行移动,为防止梁体卡死,在设置限位装置(图 5-18)时,在梁体和限制装置之间各设 20mm 的间隙,既可以防止梁体卡死,又可以让梁体在顶推过程中侧向偏差不至于过大。

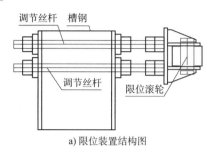
a) 限位装置结构图

b) 限位图片

图 5-18　侧向限位装置图

(2)限位装置由连接钢板、导向轮及支承后背组成。支承后背通过焊接和永久墩身外伸钢梁相连接,导向轮通过螺栓与支承后背固定。

(3)在顶推过程中,可以通过调节导向轮后螺栓之间的距离来调整导向轮与箱梁之间的空隙,滚轴边距离箱梁腹板边 2cm,轴心距离梁底 40cm。因顶推必然存在不平衡受力,故梁体呈蛇行前进,此时限位空隙小,方便及时纠偏。

(4)顶推间歇,可在限位装置与箱梁间楔入木楔块,防止箱梁移动。

5. 侧向纠偏装置设置及工艺措施

在各永久墩墩顶两侧对称安装横向导向钢架,设置相应横向限位装置。在横向限位装置的下方设置横向纠偏千斤顶进行横向纠偏。

每幅顶推梁设置两对横向纠偏千斤顶,共四台,在梁的前后两端各设置一对纠偏千斤顶。纠偏千斤顶的位置应根据梁体的顶推距离及时进行调整。

横向纠偏装置采用 20t 螺旋千斤顶,如图 5-19 所示。依据梁体在顶推过程中的中线偏差向相反的方向进行纠偏,中线偏差不得大于 5cm。

图 5-19　横向纠偏装置图

6. 牵引钢绞线束穿放措施

(1)牵引钢绞线束采用 2 束 7$\phi^s$15.2 的钢绞线,分别通过梁底板后部的后锚点与顶推千斤顶进行锚固,后锚点位置在梁的尾部,顶推完成后拆除即可。

(2)钢绞线安装完成后,在后锚点处单根预紧,预紧力 $F = 1860 \times 140 \times 0.7 \times 0.001 = 182.28(kN)$,预紧后使钢绞线在顶推箱梁时受力均匀,实现同步顶推,并检验钢绞线与千斤顶锚具之间是否夹紧。

## 5.2.6　试顶推

1. 基本操作

顶推系统安装完成后,首先进行试顶,打开主控台及泵站电源,启动泵站,用主控台控制

2台千斤顶同时施力试顶，试顶距离2.5m。

2. 记录试顶数据

试顶时根据实测结果与计算结果比对调整速度，做好以下三项重要数据的测试工作。

(1) 每分钟前进速度。应将顶推速度控制在设计要求内。

(2) 采取"点动"方式操作控制，测量每点动一次前进距离的数据，以供顶推初步到位后，进行精确定位，防止超顶。

(3) 记录梁体启动时顶力的大小，从而确定摩阻系数。

3. 后锚点的设置

为了便于顶推施工，每联钢梁上各设后锚点一处，均在梁尾，如图5-20所示。设在桥墩顶上的千斤顶反力座与后锚在被跨越线路的同一侧，后锚与反力座的距离需大于顶推距离，以此保证牵引系统不跨越既有线路，且在整个顶推过程中不更换后锚。反力座和后锚点的强度需满足受力要求。

图5-20 后锚点装置

4. 试顶检查

试顶过程中，应检查桥体结构是否平衡稳定，有无故障，关键受力部位是否产生裂纹。如有异常情况，则应停止试顶，查明原因并采取相应措施整改后方可继续试顶。

5. 采集精调数据

试顶后采集精调数据，采用点动方式操作，按1s、2s、3s进行点动，测量组应测量并记录每点动一次前进距离的数据。

## 5.2.7 正式顶推

1. 顶推准备

顶推采用8台250t千斤顶同步进行顶推，顶推距离420m。

(1) 顶推前，确定梁体四周无阻碍物。采用单点顶推，各千斤顶均应沿纵向同步运行。千斤顶置于墩柱前端工作平台上。梁体采用$\phi^s 15.2$钢绞线拖拉前进，钢绞线穿过梁底板锚固于后锚装置上。

(2) 按各顶推阶段要求，安装顶推系统并进行调试，确认运行正常。顶推千斤顶系统的操作由该系统生产厂家派专人或已培训合格的施工人员进行。

(3) 顶推人员要求。顶推系统主控台、各千斤顶均设专人操作与控制，所有顶推作业由总指挥统一发布命令，顶推人员间用无线对讲机联系。

(4) 每次顶推前，每节段先推出约5cm后即停止，千斤顶回油；再反复拉、松2~3次，以松动各滑动面并检查各部位设施是否正常工作。在确认设备、人员工作正常后，由总指挥发令，开始正式顶推。

2. 正式顶推操作

(1) 选择手动模式。主控台操作人员按下"前顶进"按钮,油泵操作人员调整溢流阀的工作限压,分别在 30%、50%、70%、80%、85%、90%、95%、100% 最大经验牵引力状态下,检查各受力结构变形情况,如有异常立即报告。

(2) 检查油泵、顶推千斤顶、前后夹持器、前后监控器、压力表、钢绞线是否异常。

(3) 手动操作顶推系统牵引钢梁滑移启动后,转换至自动运行模式,进行钢梁自动连续顶推。

(4) 自动顶推过程中,应注意记录油压最大、最小值。顶推过程中必须保证 2 台千斤顶同步作业。

3. 顶推中线控制措施

(1) 在拼装场地及永久墩柱上,设固定桥梁中线观测控制点。

(2) 在梁顶面弹出中线(墨线),设置观测标,便于快速、量化观测。

(3) 自动连续顶推过程中对主梁的轴线进行不间断观测,指导顶推作业。

(4) 如果发现主梁轴线偏离设计轴线,应通过导向、限位装置,在顶推过程中进行纠偏。

4. 顶推就位控制措施

(1) 顶推中线采用横向纠偏装置来进行左右调整。

(2) 顶推里程采用"点动"的方式并配合经纬仪进行控制。

(3) 就位后允许其中线偏差 ±10mm。

5. 落梁

(1) 各幅桥的具体落梁高度。

落梁高度根据顶推到位及成桥的具体高程进行确定(各梁端落梁高度略)。

(2) 落梁千斤顶及保护支墩的布置。

综合落梁时的梁体质量及梁型跨距布置千斤顶,在每个墩顶布置 2 台 500t 千斤顶,在保护支墩配合下分阶段进行落梁。落梁千斤顶采用 500t 双作用千斤顶。

保护支墩采用单层钢板叠加而成,保护支墩的高度根据落梁高度进行组合,每侧的保护支墩由数个单层钢板叠加到一定高度组成,单层钢板采用 20mm 钢板,同时备 2mm、3mm、5mm、10mm 的不同厚度钢板,从而保证保护支墩能与梁体底部密贴。通过不同的钢板的组合形成不同落梁阶段落梁保护支墩的高度。

(3) 落梁前准备。

布置好千斤顶、保护支墩后,将梁整体顶起,通过各路千斤顶的油压计算各支点的反力。在此前提下对各支点高程统一测量,布置高度测量标尺,以便直观判断各支点的同步误差,并调整保护支墩与梁底间隙一致(调节支墩上薄钢垫板)。

①对千斤顶及油压系统进行检查,确保其完好可靠。落梁支墩准备到位。

②核实通信指挥系统是否完好,统一通信信号,统一操作要领并演练熟悉。

③召开现场交底会,明确指挥系统、落梁步骤及计划、各墩负责人、各泵站操作员、保护支墩操作工、测量工、综合观察员、应急协助员等各岗位职责和操作要领、安全注意事项等,做到心中有数,有条不紊。

④落梁组织机构及岗位职责。

总指挥:1名,发布行动命令,全面控制落梁全局,直接指挥各墩顶负责人,除异常情况外,每落10mm(保护支墩接近梁底)停顿一下接受各墩顶负责人的情况报告,全部无误后发布降低保护10mm和开启回油阀命令。

墩顶负责人:1名,负责控制指挥本墩各个工位,包括泵站操作员、保护支墩操作工、测量员、综合观察员、应急协助员的工作。按总指挥的命令指挥协调本墩顶的各项工作,定时汇报指令执行情况,及时汇报异常情况。

泵站操作员:2名,各控制一个泵站,观察油压表读数波动情况,2名操作员协同工作,确保读数控制在±5%波动范围内,依据压力大小调整泄压阀的流量大小。泄压阀开启时应缓慢加大流量直至稳定泄压流量,关闭时动作宜迅速。

保护支墩操作工:2人一组,负责保护墩上的支墩及钢垫板卸除,卸除时应用弯曲板条将垫板推出一半再用手搬运,不容许手伸入支承面,严禁过早卸除垫板。并将钢板整齐码放在墩顶指定的位置。

综合观察员:1名,配合墩顶负责人全面掌控本墩工作情况。

应急协助员:1名,接受墩顶负责人的指派,支援相应的工位。

(4)落梁作业流程如图5-21所示。

(5)落梁过程中的注意事项。

①顶推到位后,在侧向纠偏装置和梁体之间用楔形木块塞紧,防止梁体在落梁过程中滑移。

②对梁体依照设计中线位移情况进行全面检查,合格后开始落梁。

③先安装千斤顶,将梁均匀顶推起10mm,在桥墩顶,用多层钢板(400mm×400mm)进行支垫,防止千斤顶长时间工作造成油泵失效,拆除临时墩及滑道梁。

④落梁时从梁的一端至另一端分次同步落梁。桥墩顶支座处放置钢板垫块保证其净空小于10mm,直到落到设计高程,支座完全受力。

⑤为保证支墩安全可靠,支墩与墩顶、支墩与支墩之间应用螺栓进行紧固连接。

⑥通过控制进油压力来确保每个桥墩千斤顶受力均匀,且落梁速度不能太快,并要均匀下落。

⑦测试并调整梁体线形达到设计和规范要求,锚固支座。

⑧严格遵守千斤顶技术规则,起重时不超过起重能力,每次起高量不超过活塞高度的四分之三。操作时统一指挥,统一行动。

⑨在落梁过程中要使梁的脱空距离保持在10mm内,严禁两墩同时落梁。随同千斤顶顶升、回缩和落梁垫块的拆除随时进行测量,确保梁底高差控制在设计范围之内。

⑩落梁采用同等高度落梁进行控制。

**6. 顶推过程中的监控和测量**

(1)由业主指定第三方监测单位全程监控,为顶推施工提供准确的依据,保障施工安全。

(2)变形监测:监测导梁、梁体、墩身的挠度变化。

(3)速度监测:监测顶推速度。

(4)顶力监测:监测顶推千斤顶的顶力大小,推算摩阻系数。

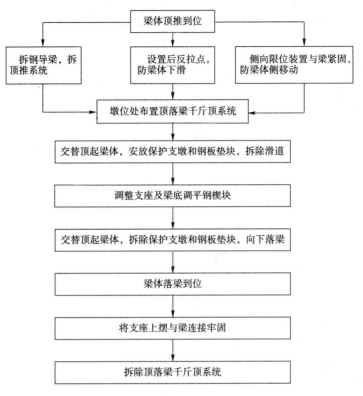

图 5-21 落梁作业流程图

#### 7. 顶推施工注意事项

(1)每次顶推,必须对顶推的梁段中线和各滑道顶的高程进行测量,并控制在允许范围以内:导梁中线偏差不超过±10mm;梁体中线偏差不大于±10mm;相邻两跨支点同侧的滑移装置顶面高差不超过3mm;同墩两支点滑移装置顶面高差不超过2mm。

(2)顶推施工前,必须对全桥的顶推千斤顶进行集中控制,确保顶推同步进行。顶推时,各千斤顶应同步逐级加力。

(3)顶推时,如果发生导梁杆件变形、导梁与梁体连接处变形或焊缝开裂等情况,应立即停止顶推,进行处理。

(4)顶推时须在桥墩上设置导向及纠偏设施,保证梁体沿梁轴中心线方向移动,若有偏移,采用横向装置于桥墩两侧的钢支架上的水平千斤顶进行纠偏。横桥向水平千斤顶为4台20t千斤顶。

(5)箱梁前进方向墩顶设置竖向千斤顶,前导梁行进至该墩时,通过竖向千斤顶顶升,使导梁前端落在墩顶滑道上。导梁上墩前需做好提升导梁的准备工作,严防导梁对墩身造成撞击。

(6)根据顶推梁施工平台要求,拼装支架拆除约1.7m高,拆除后利用拼装底模搭设顶推梁作业平台。

(7)顶推之前,应对导梁进行预顶。

(8)进行顶、落梁操作时,千斤顶不可长时间工作,必须采取相应措施将梁体临时撑起,待落梁操作开始时,方可拆除临时支承。

(9)顶推施工时确保相关人员到位,统一安排,保证应急程序畅通。

8. 顶推中可能出现的异常及其应急措施

(1)顶梁不动。

①顶推前仔细检查梁底,有不平的地方打磨平整。

②顶推采用的2台250t千斤顶,大于启动时梁体的静摩阻力(静摩阻系数按0.07考虑)有足够的安全储备。

③若出现滑块摩阻系数太大、滑道损坏、滑道与梁底板黏结等问题,在墩顶设置刚性支承,采用顶梁千斤顶将梁顶起,更换符合要求的滑块。

(2)梁体纵向滑移,产生超顶。

①顶推时采用下坡顶推,一般情况下,在摩阻力作用下,无外力作用时梁体不会纵向滑移。

②该工程为下坡顶推,为防止出现摩阻力小于重力的下滑力出现,在各墩顶均设置两个止推装置,当出现自动下滑时,采用止推装置主动止推。

③根据测量数据,采用"点动"方式操作千斤顶,准确定位。

(3)梁体顶推过程偏移过大。

①牵引钢绞线在顶推前预紧值不统一。必须按统一值预紧,使每束钢绞线同时受力。

②发现偏移,必须及时纠偏,防止产生难以纠正的大偏移。

③顶推过程,梁可能呈蛇行前行,从而产生过大偏移,因此随时观察随时调,同时在梁体将要到位时,放慢顶推速度,让梁准确就位。

④如果偏移过大,必须在梁体移动过程中完成箱梁的纠偏,禁止在梁处于静止状态下强行拉拽纠偏。

⑤考虑设置侧向辅助千斤顶纠偏。

(4)落梁时梁体移位。

①交替落梁,梁体会发生移位。

②梁体纵向移位时,可考虑落梁时设置纵向千斤顶,用于调整梁体移位;梁体横向移位时,采用墩两侧横向纠偏装置,设置水平千斤顶进行调整。

③落梁高程较大也可能造成梁体移位,因此要控制每次落梁高程,及时设置钢板垫块,避免千斤顶长期受力失效。

### 5.2.8 顶推施工作业中的应急预案

1. 施工应急组织

根据本工程情况成立项目部应急指挥小组,组长由项目经理担任,副组长由项目总工和副经理担任,组员为各部门负责人及施工主任。施工应急组织构成具体如下。

(1)应急指挥小组:负责施工风险的预防、控制、扑救、查处的管理指挥工作。负责调集人员、救援物资、车辆,抢救生命财产,以及事故现场的指挥工作。

(2)行动组:在施工现场看见或听见工程事故,要立即召集施工人员迅速赶到现场救护,尽可能把事故影响控制在最小限度。同时迅速报告项目领导并报警,报警时要清楚说明事故发生时间、地点、方位、事故是否造成人员伤亡等情况。报警后,要立即派人在单位门口和交叉路口迎接消防车、救护车等救援车辆。

(3)通信联络小组:主要任务是上传下达有关情况和领导指令,对内要告知事故发生情况,如发生伤人或塌方等事件;对外要负责联络,通知人员携带设施迅速赶到事故现场进行抢救。

(4)疏散引导组:事故发生时,疏散引导组组长应立即带领本组人员弄清本工程疏散出口和消防通信情况;引导施工人员正确疏散;在要道关口设专人指挥,克服拥挤情况。

(5)医疗救护组:主要任务是及时赶到事故现场救护伤员,将伤员送往医院医治以及完成领导交给的其他任务。

(6)后勤保障组:应急物资、机械设备的管理、采购、存储及抢救过程中的抢修等保障工作。

(7)配合组:项目部设专人配合。

2. 高风险工点带班作业制度

根据现场实际情况,项目部对管内高风险工点实行项目经理和项目班子成员现场带班作业制度,按照项目领导带班作业及现场相关制度,建立检查台账及相关规定。

各级管理人员应严格执行现场带班作业制度,对施工作业进行全过程监控盯防,对工前点名、安全防护、作业质量、收工总结等关键环节进行现场督导,确保作业安全和施工质量达标。每天必须保证1人带班作业。

带班作业值班人员主要职责是施工指挥、协调生产、确保安全,侧重于跟中、夜班,对跟班时无故不到和迟到早退者,除不予考勤计数外还要扣罚当月绩效工资。带班作业时,带班人员要重点对施工的各生产工作面进行细致检查,特别是深入风险管理重点工作面进行巡查作业,发现安全问题及时处理,当班发生安全事故,带班管理人员负直接责任。

项目部风险管理领导小组对管理人员跟班作业绩效实行月度通报、季度考核,并将情况纳入个人年度考核和评审,充分利用经济杠杆调节和促进他们的工作积极性。

凡不按带班管理制度要求带班作业的、在现场未发现问题而被其他检查人员现场检查出问题或隐患的、虚假汇报或隐瞒不报的,一律按相关安全文件相应条款进行责任追究和严厉处罚。

3. 施工现场高处坠落的应急预案

当发生高处坠落事故时,第一时间看见的人应立即赶到事故现场,首先辨别受伤人员是否清醒,是否有骨折、外伤出血等。现场人员可先对伤者进行简单包扎、止血,无论有无外伤,切记不能盲目搬动伤者。施工现场负责人立即向项目负责人汇报,并立即通知现场采取有效措施,防止事态扩大,安全防护员保护好事故现场,防止事故场地被破坏,同时立即启动应急预案。

4. 火灾的应急救援预案

现场发生火灾后,现场安全防护员首先初步判断火灾发生原因,不能盲目灭火。因电线路老化、短路造成火灾,应立即采取断电措施,采用砂、水、灭火器进行灭火,不能在带电状态下灭火;油、漆类着火,切记不能用水灭火。现场灭火原则:对小型火源,争取用灭火器熄灭;对大型火灾,现场人员争取控制火势,避免火势蔓延扩大,并及时拨打火警电话119。

5. 事故应急救援响应

当事故发生时,首先采取急救措施,尽量将损失减到最小。同时按照事先制订的事故应急救援响应流程,启动应急预案。事故应急救援响应流程如图 5-22 所示。

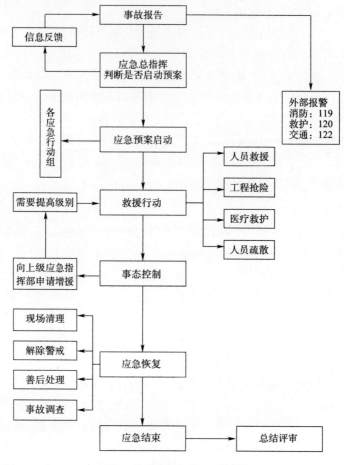

图 5-22 事故应急救援响应流程

### 本章思考题

1. 桥涵顶推施工形式有哪几种？每种的实施过程分别是怎样的？
2. 箱涵顶推的基本要求有哪些？
3. 箱涵顶推工程中如何调整水平与垂直误差？
4. 箱涵穿越铁路路基时的安全防护措施有哪些？
5. 箱梁桥顶推施工中,单点顶推和多点顶推的技术要点是什么？
6. 顶推施工中的监测内容有哪些？控制限值是多少？
7. 简述钢箱梁顶推法施工的工艺流程。
8. 顶推法桥梁施工的主要设备有哪些？
9. 简述顶推临时墩、钢导梁、滑道、顶推工作平台、限位装置的设置与安装要点。
10. 顶推法施工中,箱梁落梁的施工流程、注意事项和操作要点有哪些？
11. 桥梁顶推施工中,可能遇到的问题与应急措施有哪些？
12. 桥梁顶推施工安全应急预案的基本内容有哪些？

# 参考文献

[1] 李爱群,吴二军,高仁华.建筑物整体迁移技术[M].北京:中国建筑工业出版社,2006.

[2] 吴二军,李爱群.建筑物整体平移工程施工监控指标及其限值确定[J].建筑结构,2006,36(7):57-59,66.

[3] 吴二军,李爱群,张兴龙.建筑物整体移位技术的发展概况与展望[J].施工技术,2011,40(6):1-7.

[4] 张鑫,张青,叶列平.建筑物整体平移与隔振技术研究[J].工程抗震与加固改造,2007,29(5):17-20.

[5] 张鑫,岳庆霞,贾留东.建筑物移位托换技术研究进展[J].建筑结构,2016,46(5):91-96.

[6] 中华人民共和国住房和城乡建设部.混凝土结构加固设计规范:GB 50367—2013[S].北京:中国建筑工业出版社,2014.

[7] 中华人民共和国交通运输部.公路养护技术规范:JTG H10—2009[S].北京:人民交通出版社,2009.

[8] 汪学谦,汪晓岚,蓝戊己.PLC控制液压同步顶升系统在连续钢箱梁悬臂架设施工中的应用[J].世界桥梁,2005(2):33-35,38.

[9] 单成林,奉翔.桥梁加固改造中的整体顶升施工[J].中南公路工程,2002,27(3):79-80.

[10] 邵建华,蓝戊己.PLC液压整体同步顶升技术在高速公路改造中的应用[J].公路交通科技:应用技术版,2008(S2):131-134.

[11] 吴二军,张青,邹晔,等.全过程接触限位拱桥顶升关键施工技术[J].施工技术,2013,42(3):57-60.

[12] 傅贤超,王兴猛,张三峰,等.桥梁平转法施工监控关键技术研究[J].铁道建筑,2013(11):8-10.

[13] 晏建伟.我国桥梁平转体系的发展过程及趋势[J].石家庄铁道大学学报:自然科学版,2014(S1):244-246.

[14] 张庆颖.房屋建筑工程的混凝土施工质量控制[J].中小企业管理与科技,2011(9):223.

[15] 王卫锋,林俊锋,马文田.桥梁顶推施工导梁的优化分析[J].工程力学,2007,24(2):132-138.

[16] 苏国明,陈铭,续宗宝,等.预应力混凝土梁拱组合桥梁顶推施工新工艺[J].铁道标准设计,2009(11):56-58.

[17] 彭雁兵.桥梁顶推施工横向导向纠偏装置研究[J].建筑技术,2012,43(9):803-805.

[18] 王建华.试论公路桥梁养护管理的几点问题[J].科技创新与应用,2013(25):190.

[19] 张齐东,王君,王高彦.大跨径连续箱梁裂缝修补技术研究[J].施工技术,2012(S1):

235-238.

[20] 王保群.桥梁工程[M].济南:山东大学出版社,2007.

[21] 张风亭,武春山.公路工程养护技术[M].北京:人民交通出版社股份有限公司,2017.

[22] 全国二级建造师执业资格考试用书编写委员会.市政公用工程管理与实务[M].北京:中国建筑工业出版社,2022.

[23] 中华人民共和国住房和城乡建设部.混凝土结构工程施工规范:GB 50666—2011[S].北京:中国建筑工业出版社,2012.

[24] 中华人民共和国住房和城乡建设部.桥梁顶升移位改造技术规范:GB/T 51256—2017[S].北京:中国计划出版社,2018.

# 本书部分编审人员专家简历

**张焕军**，1961年出生，中共党员，高级工程师。毕业于大连海事大学远洋船舶驾驶专业。

1984年参加工作，先后任山东省航运管理局海务科副科长（高工）、山东航运集团资产运营处副处长（主持工作）、山东省交通厅航运局副局长、党委常委。2005年7月任山东省交通运输厅港航局副局长并分管基建，对于桥梁加固顶升工程有着深入的研究，并多次主持和参与施工工法的总结申报以及施工项目的成果研究。2016年7月任山东公路技师学院院长一职，主持制定学院"十三五""十四五"发展规划，确定了学院发展思路、办学方向和任务目标，确定了未来几年的工作中心，积极推动体制、机制和教学改革，争取了大量财政和社会资金。

**刘国桢**，正高级工程师，工学硕士，现任山东通达交通投资发展集团有限公司总经理，山东省质量管理小组活动卓越领导者、济南市章丘区"百脉英才特聘专家"。

长期从事公路工程建设、装配式产业基地建设运营等重大技术决策及管理工作，主持"废旧沥青路面材料分离再生及其混合料施工技术研究""抗凝冰沥青混合料制备与施工技术研究评审材料""公路隧道智能监控系统的研制"等10多项科研项目；主编《工程项目风险管理》《公路交通安全及附属工程施工作业指导书》等专著作；发表《浅析斜向预应力水泥混凝土路面的应用》等多篇论文。在济南市经信局、科技局、质量管理协会联合组织的群众性质量管理活动交流会中，提交的QC成果多次获奖。连续多年获得济南市交通系统"先进个人"，济南市章丘区"劳动模范""专业技术拔尖人才""城镇建设管理先进个人""优秀创新创业青年人才""项目建设表现突出个人"等荣誉称号。

**毕文生**，1980年8月出生，研究生学历。中化学交通建设集团有限公司工程管理中心党支部书记，一级建造工程师，正高级工程师，中国建筑业协会专家，山东公路学会会员，中国化学工程集团有限公司技术专家、安全专家。主要研究方向为：高速公路桥梁与隧道施工管理。先后主持了虎口窑特大桥、青银高速公路、济青高速公路南线、梁济运河大桥项目、新灌大道、济宁太白楼路、济徐高速公路、石家庄南绕城高速公路及宜遂高速公路等国家重点工程，积累了丰富的经验，其中多个项目荣获全国公路交通行业最高工程质量奖"李春奖"，个人荣获"优秀项目经理"荣誉称号。2020年、2021年连续获评济南市质量管理先进工作者，获得集团公司标兵称号。发表多篇学术论文，著作及发明专利多项，获省部级工法2项，参编集团级规范3部，撰写出版专著1部，主持参与省级及集团公司级课题2项，主持研发的全自动液压T形梁预制模板已作为标准化模板在行业内推广应用，其参与的"智能化工装设备技术研究"等6项课题立项山东省工信厅技术创新项目计划。

**吴二军**，1972年7月出生，博士。河海大学土木与交通学院副教授、硕士生导师，国家一级注册结构工程师，中国老教授协会土建专业委员会常务委员，中国民族建筑研究会建筑结构加固与改造专业委员会副主任委员，全国建筑物鉴定与加固标准技术委员会江苏专家组委员，江苏省《建（构）筑物整体移位技术规程》副主编。2006年出版全国首部关于建筑物整体迁移技术研究与设计专著《建筑物整体迁移技术》。

自1996年起至今主持和参与数十项科研项目；发表论文120多篇，其中SCI或EI收录20多篇；授权专利40多项（其中发明24项），参编专著和教材3本；参编江苏省地方设计标准3本。科研成果获2000年河北省科技进步一等奖1项（第9完成人），2007年江苏省科技进步二等奖1项（第2完成人），江苏省项目咨询一等奖1项（第3完成人）。学术会议和期刊优秀论文奖3项。在2016年第三届建筑物移位技术高峰论坛上荣获"建筑物整体移位技术突出贡献奖"。

**王炳章**，1973年7月生于山东省诸城市，本科学历，高级经济师，现任山东省公路桥梁建设集团有限公司党委委员，副总经理。1996年7月开始在山东省交通工业集团总公司工作，20多年来，先后参与了京福高速公路济南黄河大桥工程、济南绕城高速公路工程、青岛至威海公路工程、沈海高速公路工程、青岛胶州湾跨海大桥工程、济南至齐河黄河大桥工程、济宁105国道京杭运河大桥维修工程、京港澳高速公路刘江黄河大桥维修工程、重庆李家沱大桥斜拉索更换工程、开封黄河大桥维修工程等项目的建设，积累了丰富的施工和项目管理经验，对于桥梁维修加固工程有着深入的研究，并多次主持和参与了施工工法的总结申报以及施工项目科技成果的研究。

**孙道建**，1981年出生，工程硕士，高级讲师，高级技师，试验检测师，中共党员。现担任山东公路技师学院智慧交通技术应用与试验中心主任，兼任山东省认证认可协会理事公路工程领域技术专家、"1+X路桥工程无损检测职业资格考评员"、济南市中小企业公共服务中心专家库专家。

长期从事公路桥梁检测技术教学、智慧交通技术应用与试验及重点工程检测工作。先后负责完成京沪高速铁路监理二标段、滨德高速公路、济乐高速公路、德商高速公路、莘南高速公路、济东高速公路等多个重点项目第三方检测任务。主持完成"工匠源实训基地""建工建材、交通工程检验技术人员实操实训基地"建设工作。

先后获得学院师德标兵、市技工教育优秀教师、山东省委高校"科教兴鲁先锋共产党员"、山东省公路系统十大杰出青年提名奖、山东公路优秀工程师、山东省交通运输厅直机关"优秀共产党员"、齐鲁晚报"齐鲁名师"银奖获得者、山东省交通运输厅"脱贫攻坚先进个人"、全国交通技术能手等荣誉。

**尚晓东**，1979年出生，高级工程师，国家一级注册建造师（市政工程）、一级注册造价工程师（土建）。本科毕业于山东建筑大学土木工程系，目前科研方向为工程结构检测评估与加固改造技术。

历任东平市政工程处技术科科长，中国建筑第八工程局基础设施公司项目负责人、总工程师，山东至高建设有限公司董事长，济南新鲁班工程技术有限公司董事长。

参与完成国家科技支撑计划项目子专题、山东交通科技计划项目、铁道部科技研究开发计划项目等科研项目10余项。完成济南纬六路斜拉桥修复加固工程项目施工、浩门河大桥加固工程项目检测、奥体中路改造提升工程项目、济鱼航道桥梁加固改造工程项目等30余项。参与完成的工程项目荣获中铁建科技进步二等奖2项、中国建设工程鲁班奖5项。